歴史文化ライブラリー

115

江戸東京歳時記

長沢利明

吉川弘文館

原則として、初版で掲載した口絵は割愛しております。

目次

冬

季節感覚を読む——プロローグ

多彩な年中行事

江戸そして東京の年中行事暦の大きな特色をあげてみるとすれば、何といってもまずそれは、行事や祭の数がきわめて多くて多彩であり、年間を通じて間断なくなされていて、いろいろな場所でほとんど毎日のように、それらが繰り返されているということである。生粋の江戸っ子でさえ、それらのすべてを把握してかたっぱしから全部見物にいくことはまず無理で、各所で同時多発的になされる祭も数多いから、身がいくつあっても足りることはない。そこで各寺社・町内の祭事日程とその内容の概略、御利益《ごりやく》などをくわしく調べてまとめあげたマニュアル本が、古くからたくさん出版されてきたのであって、よく知られた『東都歳事記《とうとさいじき》』『増補江戸年中行事』『東都遊覧年中行事』『新撰東京歳時記』『東京年中行事』などがそうしたものであった。

なお、歳時記のことを今では「歳時記」と表記するが、江戸時代にはこれを「歳事記」と書いた。本書のタイトルは今風に「歳時記」としてあるが、「事」と「時」との意味を比べてみた場合、ここでは「時」の方が重要である。すなわち本書では、個々の行事や祭のディテールよりも、それらのうちにつらぬかれている時々の信仰の意味合いや目的、それらの背景をなしているところの季節感覚といったものに重点を置き、さまざまな仮説的な解釈などをもくわえながら、一年の時の流れのリズムを少々整理してみたものなのである。そういう意味での歳時記であるから、当然のことながら網羅的でマニュアル的な行事暦の復元ということを目的にはしていない。

移り変わる歳事暦

また、これも江戸そして東京の年中行事暦の大きな特色なのであるが、行事や祭の盛衰が激しく変容が活発で、ここ五〇年間・一〇〇年間を例にとってみただけでも、ずいぶんそれは変わってきている。より現代的な要請にもとづいて生み出される多くの祭が、行事暦に日々新たにつけくわえられてきていることの反面、失われていったものもまた数多い。たとえば今日、寺社の門前縁日や季節市の類はほとんど廃れてしまい、あまり多くは残っていないうえに、個々の個性的なカラーをもなくしてしまって画一化の傾向にある。寺社の法会《ほうえ》・神事にしても、かなりの簡略化・形骸化を余儀なくされてきているし、逆にイベント的な行事はより盛大化の傾向を見せている。他方で、「江戸情緒をよく今に伝えた伝統の祭」とされながらも、じつをいえば明治時代以降に始まった新しい行事も割合に多く、鳥越《とりごえ》の左義長《さぎちょう》も、入谷《いりや》の朝顔市も、浅草の針供養もホオズキ市さえも、その歴史は決して古くにはさかのぼらない。しかし世間ではそのようにいっており、それはそれでよいのであるが事実はそうではない。神田祭や三社《さんじゃ》祭にしても、今ではそれが下町に初夏のおとずれを告げる風物詩とされているが、もともと五月の祭ではなかった。

いかにも江戸的とされるものが、じつは江戸時代の産物ではないというのはよくあることで、さまざまな立場から発せられた過去の江戸の街に対する強烈な郷愁・憧憬《しょうけい》が、自然に大きくまとまりながらその残像が一人歩きを始め、代償的・擬制的な形で共同幻想の虚像を結ぶ。過ぎ去ったもの・消え失せたものに対する思い入れが深ければ深いほど、それはよりリアリティに富んだものともなっていく。昔はよかったとはいうけれども、江戸時代にあっても歳事暦はめまぐるしく変転しており、決して一定・不変な過去というものはじつはない。江戸から東京への不連続性は、文化の流れのうえではさほどに強調すべき重要な断続ではないし、それに匹敵しうるほどの大きな変化は近世期にも近代期にも、何度も経験されてきている。時には江戸・東京という区別にあまり大きな意味がなく、そういう認識のやり方には誤解をともないやすい場合もあるというのが、筆者の考えである。

そこでここでは、家康の入府以来、めざましい都市としての発展と成長をとげながら、今に至るまで文化発信基地の役割を果たし続けてきている、東日本の一角にあるこの世界最大級の大都市のことを、超歴史的なニュアンスをも込めながら、それを「江戸東京」と呼ぶことにしたのである。そこでの一年と四季、祭や行事を通じて表現される季節リズムとは、いったいどのようなものであったのか。これからわかりやすく述べていくことにしたい。

春

6

睦月の招福

江戸東京の新年

新年のおとずれを告げる元旦の東京のテレビニュースの話題は、まずは明治神宮や浅草寺の初詣のようすであろう。初詣客数全国一位の座を、例年守り通している明治神宮だけをとってみても、参拝者の数は三〇〇万人を軽く越えるというから、東京二三区の総人口の、いったい何割ほどがここをおとずれるのであろうか。元旦の大きな神社や寺院の境内はどこも大変な人だかりで、初詣客のために都内の交通機関は大晦日《おおみそか》から終夜連続運転をしているし、元旦にはそれほど多くの人々が外を出歩いて移動をする。今ではコンビニエンスストアというものもあり、元旦であろうとなかろうと、つねに店を開いているので、生活のうえでも困ることはまったくない。しかし、ひと昔前までは決してそうではなかったし、江戸時代にあってはなおさらであった。

「江戸中、町家両側とも板戸を閉じて、往来すべて一物もなし。ただ犬の彼方此方《かなたこなた》に臥しけるを見る。今朝の東雲《しののめ》棚引く頃までも熱閙《ねっとう》のちまた、夜あくるとひとしく静かなる光景《ありさま》は、今朝始めて道路の幅の広きを覚えたる」と『絵本江戸風俗往来』にあるように、大晦日から初日の出に至るまでの喧騒は影をひそめ、動から静へと場面が転換して、元旦の江戸の街に人通りはほとんどなかった。当時の江戸っ子たちは概して寝正月が当たり前で、武家が元旦の登城に忙しかったこととは対照的であるが、大晦日の馬鹿騒ぎの疲れと二日酔いのせいばかりでなく、もともと元旦という日は外出などをせず、家に引きこもって静かに過ごすべき日とされていた。仕事などをする者はいないし、当然店なども閉まっている。

それは民俗学が教えるような、年のあらたまりにともなう古来よりの忌《い》み籠《ご》もりと謹慎の風との、残存の姿であろうか。郊外の多摩地方などでは正月三が日の間、決して箒《ほうき》を用いないとか、家内の掃除をしないとかの習俗が近年まで広く守られていて、箒を使えば福を掃き出すから縁起が悪いといわれ、ゴミなどは部屋の隅にまとめておいた。一月十一日の蔵開き・鏡開きの日までは決して土蔵の扉を開けない、金を使わないなどという禁忌もまたそうで、正月の物忌み生活の遺制であろう。とはいえ、鏡開きの日まで謹慎をしていたのでは、大都市江戸の経済が麻痺してしまう。そこで寝正月は元旦のみで切り上げ、翌二日からは時には儀礼的な、形ばかりのスタイルをとりつつも、さまざまなことがいちおうは再開される。江戸の街が起き出すのは、一月二日である。

正月二日という日

一月二日は新年最初に何かをおこなう日で、何々はじめ・何々ぞめ・初《はつ》何々というものがいろいろある。たとえば、今でも子供たちはこの日に書きぞめをするし、昔はその作品を神棚の下に貼って、褒美のお年玉を親からもらったものである。商家にはこの日に初荷が届き、下町の米穀商などでは店先に米俵を積み上げ、初荷旗をそこに刺して飾った。新年の商売はじめが初売り・初商いで、いろいろな景品をつけて馴染《なじ》み客にサービスをした。とりわけにぎわったのは魚河岸《うおがし》の初売りで、二日の朝市は買い物客でごった返し、それは今も変わらない。江戸時代の魚河岸は日本橋にあったから、下町ならどこからでも、ひょいと買い物にいけたのである。火消し組は出《で》初《ぞめ》をし、のちにそれが四日に変更されたものの、今日の七日の消防出初式に当たり、梯子《はしご》乗りの妙技を辻々で披露した。職人家の細工はじめ、新吉原の弾きぞめ、武家の乗馬はじめもみなこの日であった。

新年の夢見はじめ、すなわち初夢を見る日も正月二日である。もっともそれは江戸東京にかぎった場合のことで、関西では節分の夜から立春の朝にかけて見る夢を初夢といった。ここ東都にあっては、二日の夜から三日の朝にかけて見る夢が初夢なのであったが、なぜ大晦日から元旦にかけての、もしくは元旦から二日にかけてのそれでなかったのであろうか。諸説あるものの、要するにこの正月二日という日が、なんらかの初仕事をなすべき日と考えられていたためであろう。夢を見ることも、いわばひとつの仕事である。

初夢は、もちろん〝一富士二鷹三なすび〟といった吉夢がよいに決まっている。年のはじめにあたって縁起のよい夢を見ることができたならば、その一年の幸福は約束されたも同然で、こうした縁起担ぎを江戸っ子たちは、ことのほか重視した。そこで用意されたのが宝船絵である。

初夢と宝船

宝船絵は四つ切大（約二五・五チセン×三〇・五チセン）の駿河半紙に刷られた一枚絵の版画であって、宝船の絵が刷られている。その図案は古くはシンプルな船の絵ばかりであったらしいが、しだいに手が込んでいき、その船に米俵・千両箱・打出《うちで》の小槌《こづち》・砂金袋・懸鯛《かけだい》・隠れ蓑などの金銀財宝が、ぎっしりと積み込まれるようになり、宝貨型宝船絵というものが生まれた。さらにはそこに七福神の姿をあしらった乗合七福神

図１　宝船の図柄（『守貞漫稿』より）

型宝船絵というものがあらわれ、「なかきよのとをのねふりのみなめさめなみのりふねのおとのよきかな（永き世の遠の眠りの皆目覚め波乗り船の音の良きかな）」という、上から読んでも下から読んでも同じ歌となる、回文が添えられるようにもなっていく。江戸東京の宝船絵は、概して回文つきの乗合七福神型が多い。正月二日の街中には、お宝売りと呼ばれる宝船屋が徘徊し、「お宝、お宝ァー」と景気のよい掛け声を張り上げながら、宝船絵を売りに来る。家々ではそれを買い求め、この日の夜にその絵を枕の下に敷いて寝れば、必ず吉夢にあずかれること疑いなし、と信じられていたのである。

台東《たいとう》区上野の五條天神社、港区麻布の麻布十番稲荷神社および永坂更科布屋太兵衛《ながさかさらしなぬのやたへい》（蕎麦屋）、文京区湯島の妻恋稲荷神社、新宿区高田馬場の諏訪《すわ》神社および須賀町の須賀神社、墨田区東向島の向島百花苑などでは、現在でもこの宝船絵を出しており、初夢の枕にこれを敷いて吉夢を得ようとする江戸風俗が、今の世にも生きている。今では初夢を見終わった後、宝船絵は再び神社に納められ、御焚き上げの浄火で燃やされることが多いが、以前は土に埋める、川に流すという例も見られたことを考え合わせると、悪夢や災厄をそこに込めて送り出し、消し去ろうとしたのであろう。宝船とは、もともと災いごとを乗せて川や海へ流し送るための船であったわけで、『嬉遊笑覧《きゆうしょうらん》』にも本来その船は、「物を載たるにはあらぬなるべし。そはあしき夢を流さむとてするわざなればなり。さるを後には何くれと書そへて、今のごとくなれりとみゆ」と述べられている。その宝船はいつしか、逆に海の彼方から福徳を積んでこの世に運ぶ船にも転じていった。七福神や金銀財宝・鶴亀など、これ以上ないくらいにめでたい物ばかりを散りばめて描かれた宝船絵の図案は、それをよくあらわしている。

近世の歳事記には亀戸村の道祖神祭のことがよく記されているが、『東都歳事記』によれば、それは四尺もの大きさの貼りぼての宝船を村人らが作って担ぎ、「千艘や万艘ふねが参った銭でも米でも、どんと一ぱいおっつめろ」などとはやしながら練り歩くという奇祭であり、江戸市中の初夢と宝船の習俗に通じるものがあった。いまわしき物をそれに乗せて海の彼方へ送り出し、それがおおいなる福徳に転じて、その海の彼方の西方浄土・蓬《ほう》萊山《らいさん》のごとくの異世界からこの世にやってくるという考え方が、その習俗を生み出したのであろう。宝船絵の習俗は、江戸の庶民たちが正月という祝祭をそのようなイメージでとらえていたことを、端的にあらわしている。

正月の物売りと門付

江戸のお宝売り、すなわち宝船絵を売って歩く呼売り屋のことについて、もう少し触れておこう。彼らの多くはプロの物売りであったが、中にはアマチュアも結構いて、明治時代の浅草では子供が小遣稼ぎにそれをやることもあった。維新前には商家の若旦那や職人たちが道楽でやることもよくあり、それは売上げ目当てのアルバイトではなくして、ひとつのシャレもしくは厄落《やく》としの目的を持っており、宝船絵を売れば幸福がさずかるとも考えられていた。しかも売り歩く時の服装も、「股引に腹掛の上へ、藍《あい》の香りの高い印半纏《しるしばんてん》の二、三枚も重ねて、その上へ広桟《ひろざん》の羽織を引掛けるか、乃至《ないし》は古渡《こわた》りの唐桟《とうざん》づくめで尻端折《しりはしょ》るか、何れにしても吉原冠《かぶり》の手拭か、ずっと砕けてやけな頰冠《ほおかぶり》でもして」という大変に凝ったいでたちであったと、若月紫蘭の『東京年中行事』には述べられている。このように、お宝売りはただの物売りであったとは思われない。

お宝売りだけではない。江戸の街には正月になると、じつにさまざまな物売りや門付《かどづけ》の類が家々をおとずれた。獅子舞・猿回し・太神楽《だいかぐら》・万歳《まんざい》などがそれであるが、古くは懸想《けそう》文《ぶみ》売りなどというものもよく来ていた。懸想文売りは、別段ラブレターを売るわけではなく、「赤き袴《はかま》立烏帽子《たてえぼし》にてありく也。銭を与へつれば、女の縁の目出たく有べしといふことを、つくり祝して洗米をあたへ帰る也」というものであったと、曲亭馬琴《きょくていばきん》の『俳諧歳時記栞草《しおりぐさ》』には述べられている。つまりは家々の繁栄と幸福とを祈って、めでたい文句を読み上げたり、魔を祓《はら》って福を呼び込むためのパフォーマンスを披露したり、さまざまな形をとりながら祝儀を述べて回るというのが、これら正月の訪問者たちの仕事であった。わざわざ三河からやってくる太夫と房州からくる才蔵とがコンビを組み、おもしろおかしい文句を並べては皆の笑いを誘い、その家屋敷に満ちあふれている吉相をことごとく述べあげては、ほめ殺しの即興を演じるという三河万歳などは、めでたさもここにきわまれりといえるほどの、すぐれたプロの芸であった。まさしく彼らは家々に、幸と福とをさずけるためにやってくるのである。

家々への訪問者

正月二日にやってくる鳥追いなどもまたそうしたもので、きらびやかな衣装をまとった女性が編笠をかぶり、三味線を弾きながら家々の門口でめでたい唄を歌う。「海上はるかに見渡せば、七福神の宝船」といったその唄の主題は、またしても満載の福を積んで海の彼方からやってくる乗合七福神の宝船であった。「あーら目出たいな、今晩今宵の御祝儀に目出たいことで払いましょ」の文句を唱えながらやってくるのは、厄払《やくばら》いと呼ばれる人々で、年越しや節分の夜に家々をおとずれるのであるが、餅や豆などをもらい歩く。文句の締めは「西海《にしのうみ》とは思えども、この厄払いがシッとらえ、東の何《ど》へ《こ》さらり」であった。すなわち、江戸の街が動から静へと移行する年越しのはざまの時に、まず厄払いがやってきて家々の災厄を祓い、年があらたまって再び静から動へと転じたその時に、今度はお宝売り・太神楽・三河万歳・獅子舞・懸想文売りなどがおとずれて福を呼び込むのである。

これらの物売りや門付の多くは、そのあでやかな装いとは裏はらに、都市の下層民たちの演ずるものであったが、彼らの存在を媒介にすることなくして福を得ることはできない。『黒いオルフェ』におけるスラムの女たちが、はなやかな踊り子に変身してカーニバルの場にあらわれ、人々を祝福するというテーマもこれであろうか。はたまた、零落した神々や精霊が、貧しい旅僧となって家々での歓待を受け、弘法大師の霊験を発揮するというのもそうであろうか。いずれにせよ、彼らは街の外からの訪問者で、年に一度やってきてはほどこしを受け、その対価として家々に福徳をもたらす。何らかの特異ないでたち、時には面や編笠をかぶって顔を隠したその姿のうちに象徴されているものは、やはり正月に家々をおとずれる無数の無縁の精霊、いわゆる御霊《ごりょう》と呼ばれる類の精霊たちの群舞であろう。大店の若旦那も番頭さえも、それへのかりそめの変身を介して自身の厄落としを達成することができたのである。

七福神参り

江戸東京の正月習俗として、もうひとつ見落とすことのできないものは、何といっても七福神参りである。これは七ヵ所の寺社を年頭に巡拝して、やはり一年の幸福を祈念するならわしなのであるが、その七ヵ所には恵比須《えびす》・大黒天《だいこくてん》・毘沙門天《びしゃもんてん》・弁財天《べんざいてん》・福禄寿《ふくろくじゅ》・布袋尊《ほていそん》・寿老人《じゅろうじん》がそれぞれ祀られていて、全部拝めば御利益絶大とされた。江戸時代には、その七福神の巡拝コースが三つあって、谷中《やなか》七福神・山手七福神・隅田川七福神と呼ばれていた。もっとも歴史の古いのは谷中七福神で、一七九八年（寛政十）にはもうおこなわれていたことが最近わかったので、文字通り江戸最古の七福神参りの巡拝コースであり、その発祥は大坂よりも古い。もっとも、その当時の谷中七福神は、七ヵ所の寺社の構成がまだよくかたまっておらず、今のように清雲寺《せいうんじ》（恵比須）・護国院（大黒天）・天王寺（毘沙門天）・不忍池《しのばずのいけ》弁天堂（弁財天）・東覚寺《とうかくじ》（福禄寿）・修性院《しゅしょういん》（布袋尊）・長安寺（寿老人）という組み合わせが完成したのは、十九世紀中ごろのことである。その巡拝コースは現在の台東区・荒川区・北区内におよぶが、谷中周辺の郊外地域にある七ヵ所の寺社を、いくつかハシゴ参りするようなならわしが自然発生的に生み出され、しだいにその形が整えられていったものらしい。

その点、山手七福神は最初から七ヵ所の寺社がほとんど固定されていて、当初から計画的に設定された巡拝コースであったと思われる。現在の港区・品川区・目黒区内にある、滝泉寺《りゅうせんじ》（恵比須）・大円寺《だいえんじ》（大黒天）・覚林寺《かくりんじ》（毘沙門天）・蟠竜寺《ばんりゅうじ》（弁財天）・妙円寺《みょうえんじ》（福禄寿・寿老人）・瑞聖寺《ずいせいじ》（布袋尊）がその構成寺院で、今ではこれを元祖山手七福神と称している。隅田川七福神の場合は、佐原鞠塢《さわらきくう》という風流人が一八〇四年（文化元）に向島百花苑を開いた時に、この巡拝コースも創設したことがはっきりしているので、これまた計画的なものである。現在の墨田区内にある三囲《みめぐり》神社（恵比須・大黒天）・多聞寺《たもんじ》（毘沙門天）・長命寺《ちょうめいじ》（弁財天）・向島百花苑（福禄寿）・弘福寺《こうふくじ》（布袋尊）・白髭《しらひげ》神社（寿老人）を回るのが巡拝コースで、今でも多くの参詣客が正月におとずれる。知名度のうえでは、トップの座にある七福神参りである。

七福神の巡拝コースは、今でもぞくぞくと新しいものが作られており、江戸時代以来の三コースにくわえて、日本橋・銀座・港区（麻布）・麻布稲荷・新宿山手・小石川・下谷・浅草名所・深川・亀戸・東海（品川）・池上・石勝《いしかつ》山の手・杉並・板橋・柴又・江戸川ライン・八王子・多摩（青梅）・調布の二三コース、全国では九五コース（一九九五年現在）が確認されているものの、ぼちぼち新設ラッシュも頭打ちであろう。すっかりスタン

図2　七福神参りでにぎわう弘福寺（隅田川七福神）

プラリー、もしくは寺社の副業収入機会と化してしまった今のそれは別として、発生期の七福神参りは、どのような信仰的動機に裏付けられていたのであろうか。それを考えてみるには、当時の三コースが、どれも江戸の庶民たちの生活領域である下町のテリトリー内にではなく、その外側の郊外地域に設定されていることに注目してみればよい。そこはいずれも、江戸っ子たちが行楽・遊興・墓参などの機会におとずれるヒンターランドであって、折々の季節に花をめで、田園風景を楽しみ、神仏の御利益をさずかってくるためのレクリエーション・エリアであった。彼らはそこから、生きるための活力のみならず、信仰のエネルギーをも持ち帰ってきたのであろう。新たな年の始まりにあたり、おおいなる福徳を生活世界の外からも、彼らは自らそこへ出向いていって迎えてこようとしたのである。

初縁日のにぎわい

江戸の庶民は正月中に、いったい何回の寺社参詣をおこなったことであろう。江戸の街中にある、おびただしい数の神社・仏閣・祠堂《しどう》のそれぞれごとに、連日のごとくにおこなわれる縁日市がたくさんあって、しかもその新年第一回目は格別の御利益があるとされたから、参詣する側はやはり連日のごとくそこへ足を運ばなければならない。御幣担《ごへいかつ》ぎを絵に描いたような江戸っ子たちであればこそ、その点はまことに律儀なもので、神仏への願いの筋もまたたくさん持っていた。かくして正月の初縁日には、巨万の群衆が殺到することも珍しくはなく、未曾有の賽銭収入を記録したというニュースが伝えられて、評判となることすらあった。大都市の民間信仰の第一の特色は何かといえば、まずもってそのエネルギーとパワーの大きさである。その願いと祈りのエネルギーに寄生して、なりわいを得ているところの神職・僧侶・香具師《やし》・商人・芸人たちにとっては、縁日の人出を極力分散させてはならず、高市《たかまち》どうしの棲み分けのための日取りの調整が、ぜひともなされねばならない。そこで本尊や祭神にちなむ、祭の日が決まっていくことになる。

たとえば毎月五日は日本橋の水天宮《すいてんぐう》の縁日で、とくに正月五日の初水天宮参りの人出のすさまじさは尋常なものではなかった。昭和初期ごろでも、門前の人形町の通りには参詣客があふれて市電が動けなくなったほどだといい、おそらく当時の東京でもっとも人出の多い初縁日であったと思われる。水天宮が現在地に移転したのは明治維新直後の一八七二年（明治五）のことで、もとは芝の久留米藩邸内にそれがあったから、その当時は参詣客も多少は遠慮がちに詣でていたかもしれない。人々の強い要望を受け入れ、特別に縁日の時だけ門を開けて藩邸内への庶民の出入りを許し、邸内に祀られた祠堂を参拝させたというこうした例は、ほかにもいくつかある。「そうでありまの水天宮」も、もとをただせば久留米藩有馬家の祀る屋敷神《やしきがみ》で、その実体は筑後川の河童（水天竜王）にすぎなかったのであるが、安産信仰と結びついて、広く庶民からも信心されていたのである。

初参詣と招福祈願

さらに毎月八日・十二日は薬師如来の縁日であるが、その初薬師がにぎわったのは中野の新井薬師（梅照院）などで、さらに毎月十日は金比羅の縁日であり、初金比羅ということでは虎ノ門の金刀比羅宮《ことひら》がにぎわった。同様に十三日の祖師《そし》（日蓮聖人）の縁日は堀ノ内の妙法寺など、十八日の観音の場合は浅草寺など、二十一日の弘法大師では西新井大師（総持寺）など、二十四日の地蔵は巣鴨地蔵（とげぬき地蔵・高岩寺《こうがんじ》）など、二十五日の天神は亀戸・平河・湯島などの天満宮、二十八日の不動では深川・目黒・高幡《たかはた》などの不動尊などがあり、さながら三十番神を並べたてたごとくであるが、それらの初縁日は初祖師・初観音・初大師・初地蔵・初天神・初不動と呼ばれていた。一方、十干十二支で縁日を決めるものもあり、初大黒・初弁天はそれぞれ子《ね》・巳《み》の日であったし、甲子《きのえね》日を大黒の、己巳《つちのとみ》日を弁天の縁日とする場合もある。葛飾柴又の帝釈天《たいしゃく》（題経寺《だいきょうじ》）などは初庚申《こうしん》日が初縁日であった。

正月はまさに神仏頼みの参詣のラッシュである。江戸っ子たちも、さぞかし多くの賽銭をはたいたことであろう。一年の始まりに際し、その一年が幸多いことを痛切なまでに願う気持ちは、今日のわれわれの何倍にも相当するほど強かった。その願いを達成するための手段は、初縁日詣でのみにはもちろんかぎられない。初夢の夢見にもゲンを担いで宝船絵を敷き、物売りや門付に書き入れ時の機会を与え、自ら郊外におもむいて七福神参りをなさなければ気の済まなかったその心情が、数多の福徳を招来するための諸行事に結実している。江戸東京の睦月《むつき》は、招福・開運という根本的テーマにつらぬかれている。

如月の除災

節分に来る鬼

節分の豆まきは立春の前夜にすることで、新暦の普及した現在ではほぼ二月三日がその日となっている。しかし、一八七二年以前の江戸東京では、旧暦（太陽太陰暦）が公的に用いられていたから、節分の日取りは暦日とはまるで一致せず、年によって前に早まったり、後へ遅れたりして、おおいに揺れ動いていた。時には年内立春といって、まだ年が明けていない旧年中に立春・節分の日が来てしまうこともよくあり、豆まきをやってから正月を迎える形になった。立春とは二十四節気のひとつであるから、もともと太陽暦に近い概念にもとづくもので、月の満ち欠けに基準を置く太陰暦の考え方とは相入れず、互いにずれてしまうのは当然である。とはいえ江戸の庶民が、節分を正月行事の一環としてとらえていたことにまちがいはないので、本来この行事は前節で取り上げるべきものなのかもしれない。しかし、ここでは「江戸東京」のうちの「東京」の方に重きを置き、あえて今風に二月、如月《きさらぎ》の行事としてあげてみることにしよう。

　大きな寺社での節分の祭といえば、今ではすっかり盛大なイベントと化しており、相撲取りやタレントが年男・年女となって、高い所から豆をまいている。寺社ではこの節分祭のことを正式には追儺式《ついなしき》と呼んでいるが、この追儺の「儺」という字は、人が鬼を打って追い払うという意味をあらわした漢字であって、訓読みにすれば一文字で「おにやらい」と読む。赤鬼や青鬼、それを撃退する方相氏《ほうそうし》や神々に扮した僧侶・神職が儀礼の場に登場し、その鬼やらいのシーンを演じて見せるといった追儺式も、古くからよく見られた。たとえば亀戸天神のそれは、「双角四目青赤の二鬼に出立てる者、猿の皮をかふり鹿角の杖をつき社前に近出つ。巫《みこ》出て問答し幣杖《へいじよう》にて鬼を打つ。其余五人の巫牛王杖を持追ひ退く」というものであったと、『東都歳事記』には述べられている。新宿区の花園神社・中《なか》井《い》御霊《ごりよう》神社・自性院《じしよういん》、世田谷区の氷川神社などへいけば、今でもそれを見ることができ、これを鬼追式などと呼んでいるが、台東区上野の五條天神社のそれは朮《うけら》の神事という。浅草寺の場合は、年頭の修正会《しゆしようえ》の場で鬼やらいの儀式がなされている。

節分にやってくる鬼とは、ごく一般的にはまずもって災厄や病気などの、いっさいのまがごとの象徴であって、それを撃退しようとするところに節分の鬼やらいの目的があり、ヒイラギと鰯《いわし》の魔除けもまたそれであった。したがって節分行事の根本的なテーマは、つきつめれば除災ということである。

福神としての鬼

こうしたなかでまことに異色なのは、新宿区西大久保の稲荷鬼王《いなりきおう》神社の節分祭である。なにしろこの神社は鬼王神社というくらいで、鬼を祭神として祀り、福徳をもたらす神としてそれを崇《あが》めているのであるから、鬼やらいなどということはとうてい考えられない。氏子の家々では決して鬼のことを悪くいわず、桃太郎の鬼退治の話などはまったくタブーとされてきたという。節分の豆まきは福招《お》ぎ・春呼びの儀と呼ばれ、福を招いて春を呼びよせるための儀式とされている。豆をまくには「福は内、鬼は内」と唱えるのがしきたりで、決して「鬼は外」といってはならない。社殿内に掲げられている鬼の面にも、絶対に豆をぶつけてはならないことになっている。一見、何とも風変わりに見えるこの稲荷鬼王神社の節分祭であるが、これに通じる例はほかの寺社にもいろいろ見出すことができ、じつはさほどに不思議なことではない。たとえば豆まきの時の唱え言葉であるが、浅草寺でも「福は内」といっても「鬼は外」とは決していわないことになっており、観音様の前に鬼は存在しないからと説明している。深川不動尊やその本家である成田山新勝寺《しんしょうじ》でも、節分の豆まきは「福は内」のみで「鬼は外」を忌むし、雑司ケ谷鬼子母神《ぞうしやきしもじん》（法明寺）の場合は「福は内、鬼は内」で鬼王神社と同じである。こうした例は東京以外にも時おりは見られるし、鬼を祀って崇める寺社も各地に存在する。

丹波国何鹿《いかるか》郡綾部に二万石の領地を持っていた、九鬼《くき》大隅守の江戸屋敷は八丁堀にあったが、そこでの節分の夜のしきたりは次のようなものであった。まず同家の物頭《ものがしら》は、三方に盛った煎豆を屋敷内にまいていくが、唱え言葉は「鬼は内、福は内へ」で、後に付きしたがう家来たちはそのつど「さようでござります」と声をあげて応じる。その後は書院で九鬼家当主が鬼を迎えて対座し、饗応の盃事《さかずきごと》をおこなうのであるが、あたかもそこに見えざる鬼がいますがごとく挨拶の辞を述べ、酒をすすめる。双方の膳上には石の吸物が添えられることになっているが、松浦静山《まつうらせいざん》の『甲子夜話《かっしやわ》』によれば鬼形の客があらわれて当主の前に着座し、吸物の石をサクサクと音を立てて食したという。このように、鬼というものは必ずしも忌み嫌われるべき存在ではなく、それを福神として崇め、節分の夜に饗応する例も見られた。

とはいえ、鬼神を一般の神々と同列に並べてみることはできず、神そのものの両義性の、負の側面のみが強調された存在というとらえ方でも不十分であろう。それは大歳《おおどし》の夜にやってくる貧乏神や、正月に歳神《としがみ》とともに群れ来る精霊たちの存在の、その延長線上にとらえられる類の神なのではなかろうか。年の変わり目や節分の夜などには、こうした御霊《ごりょう》・精霊《しょうりょう》が必ず家々をおとずれたものと思われる。それは荒々しい祟《たた》り神としての性格も強く帯びているから、それをしずめるために歓待・鎮送してやらなければ、人間社会にさまざまなわざわいをもたらす。逆に、うまくその霊力をコントロールすることができたならば、何らかのプラスメリットを得ることもできた。御霊神がしばしば病気治しの霊験を発揮する例はよく見られるが、先の新宿の稲荷鬼王神社の鬼神も、豆腐を供えての腫れ物の平癒祈願が、さかんになされていたのである。

年越の厄払い

年の変わり目というのは、厳密にいえば大晦日から元旦にかけてをいうわけであるが、そのように意識されていた区切り目はほかにもあった。節分の夜から立春にかけてもそうであったし、正月六日の夜から翌七日にかけて、さらには正月十四日から翌小正月にかけても同様であった。四度の年越の区切り目をへて旧年から新年への、そして冬から春への、また正月の儀礼期間から日常の時への移行がおこなわれた。たとえば六日から七日にかけてはこれを六日年越《むいかどしこし》といい、家々の門口を飾る門松を取りはずして納めるべき日とされていた。したがって本当の意味での松の内とは、元旦から六日の宵までをいったわけで、今のように七草までを含まない。片づけた門松は辻々に集めて焚きあげねばならないが、それが左義長の行事であって、大昔の江戸の街ではそれがおこなわれていた。しかし、農村部のドンド焼きのような盛大な行事としてそれが発達しなかったのは、公儀による度重なる禁令によって、きびしい規制を受けていたからである。左義長は、「百余年前までは江戸にもありしが、火災をはばかるために禁下《くだり》てやみたりとぞ」と、鈴木牧之《ぼくし》の『北越雪譜《ほくえつせつぷ》』にあるように、主として防火と治安維持の観点から、全面的に禁止されていった。左義長禁止の町触は、一六四八年（慶安元）以来、一七五五年（宝暦五）までの一〇〇年間に十数回も出されている。現在、都心部でなされている唯一の左義長の火祭である台東区の鳥越神社のドンド焼きも、昭和時代に入ってから始められたもので、江戸時代にあっては当然そのような祭が許されることはなかった。

四度の年越の日の夜には、先に触れた厄払いと呼ばれる人々が家々をおとずれたが、そのような区切り目の時には除厄をなすべきものと考えられたこと、御霊の類がほどこしを求めて街々をさまよう姿がそこに象徴されていたことが再び想起されるのであるが、四度のうちでもっともさかんに厄払いがやってきたのは、何といっても節分の夜であった。河《かわ》竹《たけ》黙《もく》阿《あ》弥《み》作の歌舞伎、「三人吉三巴白浪《さんにんきちさともえのしらなみ》・大川端庚申塚の場」で、お嬢吉三が述べる有名な一節は、その情景と気分とをじつによく描ききっている。「月も朧《おぼろ》に白魚の、篝《かがり》火もかすむ春の空、冷てえ風もほろ酔いに、心持ちよくうかうかと、浮かれ烏のただ一羽、塒《ねぐら》へ帰る川端で、棹《さお》の雫《しずく》か濡れ手で粟《あわ》、思いがけなく手に入る百両」と語ったその時に、舞台の袖から聞こえてくる「お厄払いましょう。厄落し、厄落しィー」の掛け声こそが、厄払いの声なのである。そこで吉三は、「おお、ほんに今夜は節分か。西の海より川の中、落ちた夜鷹《よたか》は厄落とし、豆沢山で一文の、銭と違うて金包み、こいつぁ春から縁起がいいわえ」と続けるわけである。よく知られたこの台詞《せりふ》そのものも、俗に厄払いと呼ばれている。

稲荷の初午

さて江戸東京の代表的な二月の祭といえば、何といっても稲荷の初午《はつうま》祭であったろう。なにしろ「伊勢屋稲荷に犬の糞」といわれたほどであったから、江戸東京の街には今も昔も、じつに多くの稲荷社が祀られている。それらがこの日に足並みをそろえ、いっせいに祭をおこなうのであったから、にぎやかなことである。今でもこの日、稲荷社の社前には正一位稲荷大明神ののぼりが立てられ、信徒は眷属《けんぞく》の狐の好物である油揚げや目刺しをそこに供えたりしているが、江戸時代の初午祭は歌舞音曲をともなう盛況なもので、屋台をこしらえて笛太鼓の囃子《はやし》や奉納神楽《かぐら》などが、さかんに上演された。さらに欠かせなかったのは、さまざまな趣向をこらした派手な灯籠《とうろう》飾りや地口行灯《じぐちあんどん》で、とくに地口行灯は江戸独特の初午祭のデコレーションであり、神社の参道に沿って絵入りの箱行灯がずらりと吊るし飾られた。台東区内の稲荷社の初午には、今でもそれを続けている所がいくつかあるし、郊外の多摩地方などでは鎮守の祭礼に場を変えて、かなりの規模でおこなわれていて、江戸風俗がむしろ郊外地域に残存しやすいことの好例となっている。

江戸の稲荷には、伏見や豊川や笠間のそれのような大社はまったくなく、そのほとんどは町々ごとに祀られたつつましい小社や祠である。たとえば、こころみに現在の墨田区の両国・錦糸町周辺を例に見てみると、錦糸公園内の千種稲荷、長崎橋際の津軽稲荷、報恩寺境内の平川清水稲荷、妙見山別院の鷗稲荷、総武線線路際の永倉稲荷、江東寺境内の清昌稲荷、四之橋付近の田螺《たにし》稲荷、菊花橋通りの五柱《ごはしら》稲荷、菊柳橋通りの健勝《けんしょう》稲荷、菊川小学校隣の榎《えのき》稲荷、三之橋の元徳《げんとく》稲荷、杉山神社境内の杉田稲荷、両国の榛木《はんのき》稲荷、石原の徳之山稲荷といった具合に、ごくせまい地区範囲内にかぎってみても、簡単に一四社もの稲荷を数えあげることができる。個人や近隣どうしで祀る、さらに小さな祠の類までひろいあげれば、さらに多くの稲荷があるはずで、その高い分布密度を知ることができよう。街角を歩いていて、ビルの谷間や横町の路地裏に隠れるようにしてたたずむ小祠や朱塗りの鳥居に、はっと気がつくことがよくあるが、それこそが江戸東京の街にふさわしい稲荷の祀られ方である。どの稲荷にもたいてい○○稲荷というニックネームが与えられていることも特色のひとつで、それだけ地元の町内に親しく受け入れられてきたことの証でもあろう。

初午と火防せ祈願

江戸およびその周辺の稲荷をランキング評価した、稲荷番付の類もよく作られているが、そこで横綱・三役クラスにあげられてきた稲荷社は、やや規模の大きい中社級の諸社で、参詣客の誘致範囲も当然広く、江戸中によくその名が知られていた。ベストテンの序列をつけずに十指にのぼるものをあげてみると、まずは烏森・王子・妻恋・笠森・豊川・日比谷・太田姫・茶の木・三囲・半田といったところであろうが、鉄砲洲《てつぽうず》・三崎・柳森・椙森《すぎもり》・熊谷・穴守などもなかなかに捨てがたい。これらのうち王子稲荷と妻恋稲荷は一時期、互いに関東稲荷総司を名乗ってその正統性を争ったが、寺社奉行の吟味の結果、妻恋の方に軍配があがったと妻恋側には伝えられている。確かに江戸湯島の妻恋稲荷から分霊を勧請《かんじよう》して祀られた稲荷社が全国各地に見られ、勧遷状などもいくつか残されていて、京都の伏見稲荷や三河の豊川稲荷のような役割を果たしていた。こうした動きは江戸東京では、伏見稲荷の出張所であった浅草の吉田宮・白川宮と妻恋稲荷以外には見られない。とはいえ、今もって関東稲荷総司を自称しているのは北区の王子稲荷であって、当然そちらにも別の言い分があることと思われる。

その王子稲荷の初午祭は今日、凧《たこ》市が立つことでよく知られ、凧を売る専門の市ということでは都内唯一のものである。今では境内に店を出す凧屋もわずかなものであるが、なかなか風情のあるもので、露店の店先に並べられた角凧《つの》・奴凧《やっこ》、文字凧・武者絵凧などは、色あざやかで大変美しい。しかし、これを買っていった子供らが電線やアンテナを気にせずに、それを空にあげて遊べるような場所が、東京にはもうあまりなくなってしまった。一方、神社の社務所からは、火防《ひぶ》せ御守《おまもり》つきの火防せ奴凧が頒布されるが、こちらは小さな奴凧で実用品ではなく縁起物であって、家々の神棚に飾っておくと火難をまぬがれるといわれた。凧は風を切って空に舞い上がる。火事でもっとも怖いのは火勢をあおって延焼を誘う大風で、その風をこの火防せ凧がたち切ってくれるようにとの願いが、そこに込められている。王子稲荷の初午祭には、この火防せ凧を求める人々が多く参詣におとずれたわけで、初午祭にはそうした火防せ祈願の要素も認められるのである。初午が早く来

図3　王子稲荷の凧市

る年は火事が多いとか、初午には火の不始末に気をつけるとかよくいわれ、稲荷に火防せを祈れば「火事が隣で居成《いな》り」の語呂《ごろ》で、延焼を防げるともいわれた。

とはいえ、初午祭の馬鹿騒ぎで火事を知らせる半鐘の音も聞こえず、初期消火が遅れて大火になってしまったという、本末転倒のような事件もあったといい、「面々の遊興ニ心移りて、火事有りと雖《いえども》見付る人なし、其処之者《そこのもの》半鐘を打て知らすれども、太鼓の音ニまぎれて聞付る人もなく、火は心儘《こころのまま》ニ燃広がりて後、漸《ようや》く知ると雖、最早《もはや》大火と成て人力にハ及び難《がたく》、去《され》バ其頃ハ初午の日、或ひハ前夜は年ノ市のごとく、大火事も稲荷祭りの名目をかりて、己々《おのおの》が遊興の種とせしかバ神慮もいかがあらんと覚束《おぼつか》なかりし」と『藤岡屋日記』に記されている。まことに皮肉な話ではあったが、その反面いかにも江戸っ子にふさわしい話でもある。

田螺稲荷と火防せのまじない

先に、墨田区の錦糸町周辺に鎮座するいくつかの稲荷の名をあげてみたが、その中には田螺《たにし》稲荷という風変わりな名を持つ小祠《しょうし》もあった。小祠とはいえ、戦前は非常にはやった稲荷であったため祭は初午だけでは足りず、毎月二回の縁日が立ったほどであるが、この稲荷もまた、火防せということに絶大な御利益《ごりやく》のあることでよく知られていた。昔、錦糸町から竪川《たてかわ》方面に大火があって、この祠も焼け落ちてしまいそうになったが、その時に川の中からおびただしい数の田螺が這い上がってきて、祠にびっしりとへばりつき、猛火から祠を守ったとの伝承があって、社名と御利益の起源を説明している。ところが、田螺が尊い神仏を守ったとの伝承は他所にもあって、有名なところでは越後国の菅谷《すがや》不動尊のそれがあげられる。その不動堂がやはり火事となり、無数の田螺が川から這い上がってきて本尊の全身を覆いつくしたので、焼け落ちずに済んだという。以来、菅谷不動尊では信徒が田螺を食べることを忌むようになり、仏前にそれを供えたりするようになったほか、初午の日にそれを堂の屋根上に放り投げて、屋根の向こう側まで投げ越すという独特の祈願方法が生み出されたという。この田螺を屋根の上に投げ越して火防せにまじないをするという習俗は、東北地方の初午行事にも広く見られる。

田螺とは、おそらく水神の眷属《けんぞく》か化身のようにとらえられており、その水の力で屋根の火を消しとめてもらおうとの考え方が、そこにあるものらしい。そのようにして初午の火防せのまじないが始まったのであろうが、それはもともと東北や北陸地方の習俗であって、いかなる契機によってそれが東京の下町にまでもたらされたのかは、よくわからない。都市の民間信仰には、このような形で周縁地域の民俗が豊富に取り込まれていくことがよくあり、それは周縁から中央への人と情報の活発な流れを物語っていて、もちろんその逆の現象もまた顕著に見られる。江戸東京の政治的・経済的・文化的中心性が、高まれば高まるほど、その求心力はより強いものとなったであろう。

三つの茶の木稲荷

前にあげた江戸の稲荷のベストテンの候補の中には、市ヶ谷の茶の木稲荷（市ヶ谷八幡神社の境内社）も含まれていたが、これについても少し触れておこう。茶の木稲荷は、『江戸神仏願懸《がんがけ》重宝《ちょうほう》記《き》』に収録された三社の稲荷のうちのひとつでもあって、そこには「眼のわつらひあるもの七日が間煎茶をたち心願をかける」と述べられている。つまり眼病平癒の願かけをする者は、七日間の茶断ちをして立願をするというのが決まりなのであったが、なぜ茶なのかといえば、次のような伝承が伝えられている。昔、ここ市ヶ谷八幡神社の境内には茶樹がたくさん植えられていた。神社の杜《もり》にはまた、稲荷の使いである狐も棲んでいたが、ある時あやまって茶の樹の枝で目をつついて傷ついた。その狐が境内の井戸水で目を洗ったところ、目の傷が治った。以来、眼病治しの神として茶の木稲荷が祀られることになった、というのである。ところが、この茶の木稲荷と似たような社号を名乗る神祠《しんし》が各地にあって、都内でいえば少なくとも二社が存在する。

そのひとつは中央区日本橋人形町の茶の木神社で、もとは下総佐倉城主堀田《ほった》家の中屋敷を守る屋敷神であったという。社殿の周囲には茶樹が生垣《いけがき》のように植えられていたといい、市ヶ谷のそれの場合と言い伝えがなんとなく似ている。この神社はまた、火防せの神としても霊験あらたかで、そのおかげで周囲の町方には絶えて火災が見られなかったという。堀田家では年に一度、初午祭の時のみ屋敷を開門して一般の参詣を許していたといい、これは先の水天宮の場合と同じであった。

もうひとつのそれは、港区芝にある茶乃木稲荷社であるが、これまた火防せの神としてよく知られ、地元商店会の手で今でも手厚く祀られている。鎮座地町内である旧三田同朋町には、この神の守護によって火事というものが絶えてなく、戦時中の空襲被害もまったく受けずに済み、B29がここだけ通り過ぎていったといわれるほどであった。

三つの茶の木稲荷は、おそらく同根の神であったろう。稲荷という神は、信徒のニーズに応じてじつにさまざまな御利益を引き受けて、どんどん専門店化していく特色を持っているが、三社の信仰のもっとも根底に本来つらぬかれていたのは、稲荷・初午・火防せの三要素の組み合わせではなかったろうか。通常、火防せの祭といえば十一月ごろになされる例が多いが、火災都市とまで呼ばれたここ江戸東京にあっては、冬場の気候がまだ続く春先にあっても、火災の潜在的脅威への警戒の手を、ゆるませることがなかったのかもしれない。街中の辻々に鎮座する無数の稲荷社は、火事災害から町内を守る除災の神としての役割をも果たしており、そのことが初午祭のありようにも、反映していたものと思われる。

東京三大針供養祭

二月八日は針供養の日であるが、裁縫に用いる縫い針を供養する祭で、折れた古針を豆腐やコンニャクに刺して感謝をするということが、婦人たちの手でおこなわれる。取るに足らぬ一本の細い針にさえも、そしてあらゆる道具や品々にも、魂というものがこもっているので、それが使えなくなったからといってぞんざいにはせず、供養をしてやらなければならないという古来の考え方が、道具感謝や人形供養、筆塚や包丁塚を祀ること、はては現代の自動車のお祓い祈禱までをも生み出したことになるが、そこにつらぬかれているのは万物に精霊が宿るという八百万《やおよろず》神の哲学、すなわちアニミズムの思想である。こうした思想は、現代の世になってもなかなか失われることがなく、むしろ復活・強調されてきている面もあって、さまざまな業界関係の祭やイベントなどの場で、よくそういうことがおこなわれている。

針供養の場合は、今では和裁学校などでずいぶん盛大になされるようになり、和裁を学ぶ若い女性が和服姿で大豆腐に針を刺すシーンを、よくテレビのニュースなどで目にする。関西風に十二月八日に針供養をおこなう学校もけっこうあって、東日本は元来、二月八日が針供養の日なのであったが、東京の和裁学校の場合は両者のやり方が併存して見られる。寺社のおこなう針供養祭でもっとも盛大なのは、新宿区新宿の正受院《しょうじゅいん》、世田谷区代沢《だいざわ》の森巌寺《しんがんじ》、台東区浅草の浅草寺淡島堂《あわしまどう》の三ヵ所で、東京三大針供養祭といってもよいが、正受院と森巌寺のそれは和裁・和装関係の業界団体が賛助をしており、浅草寺のそれも一時はその形がとられていて、斯業《しぎょう》の繁栄を祈る祭ともなっていた。正受院の針供養パレードなどはとりわけ盛況なもので、和裁学校の生徒や稚児たちが新宿通りをぞろぞろと行列し、輿《こし》に乗せた奪衣婆《だつえば》像を担いでいく。つまり、ここでの針供養は奪衣婆信仰から始まったものので、紀州加太《かだ》の淡島明神の信仰とは縁もゆかりもない特殊なものである。地獄の三途《さんず》の川原で亡者の衣を剝ぐ婆、ということで奪衣婆と着物との連想が生じたものか否か、くわしいことはわからないが、祭自体はもちろん戦後に始まった新しいものである。とはいえ、境内の奪衣婆堂に古針を納める風習は、古くからなされていたものだと、寺では説明している。

一方、浅草寺境内の淡島堂の場合は、正真正銘の淡島明神を祀っての針供養であって正統派といえるが、今日では五〇〇〇人もの人出でにぎわい、都内一円から婦人たちばかりでなく、針灸師・刺青職人・畳屋・レコード業界関係者・医師など、針を用いる仕事にたずさわる人々が集まって古針を堂内の大豆腐に刺している。医師の場合は、当然注射針を納めることになるが、エイズ問題や医療廃棄物の処理規制がやかましくなったこともあり、近年はやってこないという。しかしながら、この浅草の針供養祭にしたところで、その歴史が決して古くにさかのぼるとは思われない。浅草生まれの児童作家であった渋沢青花《せいか》は、『浅草っ子』の中で「明治の時代にも、そんなぎょうぎょうしい供養をしたかどうか、わたしは知らない」と述べているし、『浅草寺志』の注釈にも「昭和七年二月八日始めて針供養を神前に行ひ、これを例として、旧暦毎月十三日これを行ふこととなれり」とあるので、おそらくはそのころに始められた祭であったろう。それ以前の時代には、堂の前に立つ石灯籠の火袋に婦人が古針を納める形が一般的で、正受院の場合と同様、針納めの習俗そのものは古くから見られたのであり、祭という形はとられなかった。

裁縫のプロといえる仕立屋・足袋屋・袋物屋などの職人家にあっては、当然のことなが

浅草の針供養

図4　浅草寺淡島堂の針供養

ら、より念入りな方法での針供養のやり方が見られた。そうした職人家では二月八日のこの日、職神である婆利才女《はりさいじょ》（淡島明神）を祀って仕事を休み、裁縫箱を掃除して折針を集め、三方に綿を敷いてそれを乗せ、床の間に置いて菓子や餅を供えたという。天保年間（一八三〇～四四）から続く浅草の仕立屋職人である高鹿家《こうろく》でも、この日は休日で針子も休ませ、豆腐に古針を刺して仕事場に祀った後、それを持って浅草寺淡島堂に詣で、帰り道に隅田川に針と豆腐を流して拝礼をしたとのことである。ここで重要なのは、隅田川に流し送ったという点であり、職人家の道具感謝供養に形を変える以前の、さらに大昔の二月八日の祭の作法がそこに感じられ、この二月八日という日が、何かを外の世界に流し送るべき日であったことを、おぼろげながらに知ることができる。

事納めと御事汁

針供養のおこなわれる二月八日という日はまた事納《ことおさ》めともいい、この日をもって正月をいちおう納めるべき日とされていた。もっとも、逆に事始めと呼ぶ場合もあり、その場合は正月も済み、通常の生活が始まるという意味であったろうか。要するに、これもまた一種の区切り目なのであった。事納めの日、江戸の街にはまるで箸《はし》を立て並べたかのごとく、無数の竹竿が空に向かって立てられる。竿の先にはそれぞれ丸い竹籠《たけかご》が引っかけてあり、遠くから見れば密集して林立するマチ針のようで、この日だけ眺めることのできた街の景色であり、針供養の豆腐の姿がそこに連想されたことでもあったろう。この竹竿の群れは、家々の軒前に垂直に立てられた物干し竿であって、こうすることにより、災厄や病魔の家中への侵入をふせぐことができると考えられた。これもまた、節分行事などにも通じた除災儀礼であって、全国的に見ればいわゆる事八日《ことようか》行事にあたる。もちろん維新後はそうしたまじないも見られないが、南多摩地方では今でもこれを八日ゾウと呼び、この日に一ツ目小僧などの魔物がやってくるので、それを追い払うために竹籠を吊るす行事だとされているのである。

さらにこの日、御事汁《おことじる》という小豆《あずき》入りの汁を煮て食べるというのも江戸のならいで、ごく近年に至るまでそうした習慣を守る、昔かたぎの旧家なども見られたものである。御事汁は無実汁《むしつじる》・従兄弟煮《いとこに》ともいい、小豆のほかに何種類もの野菜も煮込む。『寛永料理物語』によれば、小豆・牛蒡《ごぼう》・芋・大根・豆腐・焼栗・クワイなどを入れて味噌で煮込んだという、多種類の具を追々に煮ていくので追々が甥々になり、従兄弟煮と呼ばれるようになったという。『俳諧歳時記栞草』には、六種類の具を用いるので六質汁《むしつじる》と呼ぶとあり、これを食すれば無実の罪をまぬがれるので、無実汁となったなどともいわれている。いずれにせよ、その本義は小豆を用いた魔除けの汁ということであって、赤小豆というものに備わった呪力を用いての消災祈願がなされており、それは赤飯に小豆を炊き込むことと同じである。

初午の火防せ祈願も、針供養で何かを流し送ろうとする行為も、事納めの日のまじないも、節分の魔除けや厄払いに共通する除災・消災のテーマのもとに、人々の願いをそこからとらえてみることができる。二月という季節は、そうした儀礼習俗が重要な意味を持つ時なのであって、一月の招福の気分がしだいにおさまり、いよいよ始まる長い一年の冒頭に当たって、ことなきを得ようとの考え方がそこに強調されている。年中行事をつらぬくひとつのテーマが、招福から除災へとかたむき始めるのが、春という季節なのである。

弥生の遊覧

雛祭と雛市

季節は弥生《やよい》三月となった。三月といえば、まずは三日の雛祭《ひなまつり》で、いわゆる桃の節供・上巳《じょうし》の節供であるが、現在の新暦時代の雛祭ではまだ東京は寒く、桃の花など咲くわけもない。花屋でそのころに売り出すそれは、当然温室物であろう。旧暦時代の雛祭は今の四月上旬にあたるから、ずいぶん陽気もよくなり、春爛漫の気分が感じられたことであろう。桜田門外の変の起きた一八六〇年（万延元）三月三日の江戸は大雪で、井伊直弼《なおすけ》の血は降り積もった雪を真紅に染めたというから、よほどの異常気象の年であったとみえる。節供に先立つ二月二十五日から三月三日にかけては、雛人形を商う雛市《ひないち》が十軒店《じっけんだな》・尾張町《おわりちょう》・人形町・浅草茅町《かやちょう》・池の端仲町《なかちょう》・牛込神楽坂上・麹町三丁目・芝神明前・駒込などの各地に立ったが、もっとも盛況だったのはもちろん十軒店である。

十軒店は日本橋の本石町《ほんこくちょう》・本町間の大通りをいい、正式な町名ではない。菊地貴一郎の『絵本江戸風俗往来』によれば、「十軒店市は往還左右へ床店《とこみせ》をしつらうこと、一丁余の間なり。これを中店《なかみせ》という。されば両側の常の店並、同じく中店と都合四側《よかわ》の店並となり、その中間を公道とす」とあり、ちょうど今の浅草の仲店通りのように、四列の雛屋がずらりと並んだというのであるが、路上の二列は仮設の店舗であった。そこでは内裏雛《だいりびな》・禿《かむろ》人形・雛道具などの、さまざまな人形類と飾り物が売られていたが、五月には五月人形など、師走には羽子板や破魔弓《はまゆみ》などがそこで売られ、一大際物市《きわものいち》となっていた。十軒店の雛市は一八七三年（明治六）の五節供廃止令による打撃を受けたが、それでもしばらくは続けられていた。しかし、一九一三年の『風俗画報』の記事などを見ると、大正ごろから雛人形を「方今は店頭若《もし》くは商館の楼上に陳列」するようになり、「三越、白木、松屋、いとう松坂の大呉服店に於て二月十日頃より盛に発売する事となれり」とあって、三越・白木屋（のちの東急）・松屋・松阪屋などの大型百貨店の参入により、しだいに客足を奪われていったようである。

図5　十軒店雛市（『江戸名所図会』巻一）

十軒店に近い岩附町周辺にたくさん住んでいた人形師たちも、後に町ぐるみで埼玉県岩槻市へ移転してしまったが、今でも三越前から神田方面へ少しいったあたりに、たった一軒だけ人形店が残っている。現在の東京で人形店の集中地域といえば何といっても浅草橋であり、節供前にそこを歩くと、店々のショーウインドウを飾る豪華な節供人形に、何となく往時の十軒店の風情を感じ取ってみることもできる。

古風を残す雛祭

節供が近づくと雛祭用の白酒なども方々の酒屋で売り出されたが、もっとも有名だったのは神田鎌倉町の豊島屋で、普段は酒や醬油も売っていたものの、二月二十日前後の一日を白酒専門の販売日と決め、店先に「酒醬油相休申候」の立札を出したという。雛への供物として欠かせないハマグリやその他の海産物なども、そのころにはさかんに売り出されたが、神田あたりの旧家では雛祭の翌日にソバを供えて雛をしまうのがならわしで、ソバ屋もまた繁盛した。湯屋（銭湯）では、桃の湯といって桃の葉を風呂に入れた薬湯をたてた。桃という植物が邪気を払うと信じられていたことは、黄泉比良坂《よもつひらさか》で伊弉諾尊《いざなぎのみこと》が追手に桃の実を投げて逃げたとの神話や、中国の民間信仰などに見られるとおりである。そのように雛の節供には、災厄や罪穢《けが》れを払うという除災の要素もいくぶんは見られ、二月の行事の基調的テーマがなおも維持されていて、それは遠い昔の上巳の禊《みそ》ぎ・祓《はら》いの儀礼に通じるものであるともいわれている。すなわち、雛人形の起源は形代《かたしろ》・人形《ひとがた》にあり、古くは草や紙でそれを作って身をぬぐい、息を吹き込んでは病気や穢れをそれに移して、川や海に流し送ったのだという。いわゆる流し雛の習俗がそれで、最近では浅草の隅田川べり・洗足池《せんぞくいけ》公園・明治神宮の北池などでも流し雛がおこなわれているが、もちろん鳥取のそれを真似たものである。

のっぺらぼうの形代は、のちの紙雛・立ち雛となり、ついには寛永雛・享保雛・次郎左衛門雛・有職《ゆうそく》雛・古今雛といった立派な座り雛の内裏人形にまで発達し、さらに木目込《きめこみ》人形・御所人形・市松人形・押絵雛・親王雛・御殿雛のようなものまであらわれて、ついには今日の五段・七段飾りにまで到達したと、民俗学では説明している。人形そのものがそこまで進歩してしまえば、当然それは一回かぎりの使い捨ての形代ではありえず、もはやそれを流し送ることなどできない。しかし、習俗の本来の目的は流し送ることにあって、鳥取の流し雛の例を見るまでもなく、各地の雛祭の習俗事例にはそうした古風な祭のあり方が少しは残されている。泉鏡花の原作による新派の演目『日本橋』は、明治のころの日本橋檜《ひ》物《もの》町の花柳界が舞台であるが、その「一石橋《いちこくばし》の場」には芸者の稲葉屋お孝が雛祭の翌日の晩に、一石橋のたもとから日本橋川へ雛の供物であるサザエとハマグリを流し送るシーンがある。その時のお孝の台詞《せりふ》である「雛の節句のあくる晩、春で朧《おぼろ》で御縁日」は、先の節分の夜の吉左の名台詞にもたとえられよう。明治のころの東京でも、そうしたならわしがなお、おこなわれていたのである。

節供と潮干狩り

身についた罪穢れを払う形代から雛人形が発達し、雛祭が生み出されたという一般的解釈は、いかにそれが真実であったにせよ、あまりにそれは遠い昔にさかのぼる過去のできごとである。江戸時代の庶民たちが、そこに新たな意味の付与をおこなってきたとしても、なんら不自然なことではない。地方の雛祭の習俗には、子供らが河原や野原に集まって野外炊飯をおこなう古風な行事もよく見られ、それは見えざる野の精霊たちへの接待・鎮送のための儀礼であった、と解釈する方がよほど合理的であろう。有名な上州の乙父《おっち》（多野郡上野村）の雛祭などはまさにそうしたものであるが、何のために川べりでの共同飲食がなされたのかが重要である。沖縄の三月遊びも女性たちが浜辺に集まって野外宴を催すものであったし、いわゆる浜降《はまお》りの禊ぎのみならず、精霊・御霊の類を水辺に流し送ったという要素にも、注目してみなければならない。一石橋際から日本橋川へ供物を流し送ったこともまた、精霊流しの遺風そのものであったろう。

その意味で、三月節供のころの大潮の潮干狩り・潮干もまた、弥生の江戸東京を代表す

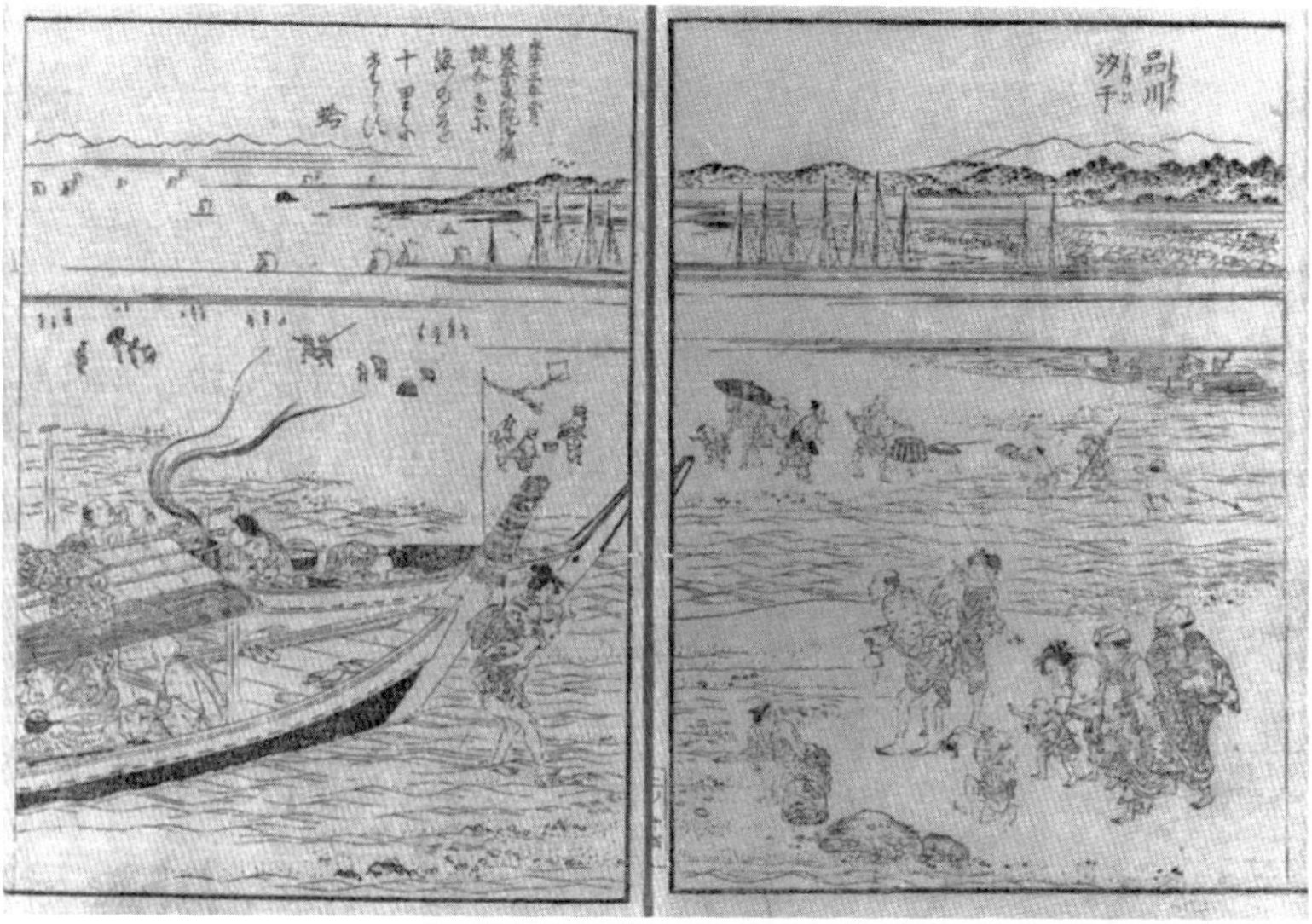

図 6　品川汐干（『江戸名所図会』巻二）

る重要な行事であった。品川の袖ケ浦や台場辺、芝浦浜・浜離宮下・深川越中島《えっちゅうじま》・砂村・洲崎沖まで連なる、広大な干潟でさかんになされていた潮干狩りは、春のおとずれの喜びと解放感とをそのまま満喫しうる、絶好の浜遊びのレジャーであった。『新撰東京歳時記』にも、「笑声放歌に満され寒からす暑からす一歳中の好季節、特に此頃は海面風静なるものなれは（中略）麗《うらら》かなるを例とす。其《その》最寄の賑ひ一方ならす。蛤蜊《あさり》、文蛤《はまぐり》、蜆《しじみ》、サルボウ、カキ若《もし》くは比目魚《ひらめ》を拾ひ調理し又之《これ》を携へ帰る、其《その》游人を遠望すれは沙上に黒豆を散布せるか如く又螻蟻《ろうぎ》の群るか如し。春とし言へは何そ花のみ独り春ならんや。是等《これら》も亦《また》春遊の一興なり」と述べられている。もちろんこの潮干狩りも、もともとは雛祭のころの水辺の儀礼に発した行事であって、この季節には浜辺であれ川辺であれ、とにかく野外に出て精霊とまじわり、それへのほどこしをおこなったり、それを鎮送したりしたのだと思われる。そこで取ったハマグリは、雛段への供物とされたことでもあったろう。

金魚および梅若忌

弥生にはさまざまな形をとって人々が野外に出て、遊興の宴をおこなったのであるが、潮干狩りもまたそのような遊覧のひとつであり、そこには深い儀礼的な意味も込められていた。とくに江戸東京の場合、全国最大規模の干潟が東京湾内に存在したということが、独特な海辺の遊覧の発達をもたらした。それは東京湾という巨大な内湾地形のもたらした恵みでもあって、遊覧の場としてのみならず、豊かな漁場としての価値をも持っており、江戸前の味覚と食文化もそこから生み出されてきた。干潟を埋め立てれば、その豊かな海もまた死滅する。わずかに残された三番瀬の海をすら守ることができなかったならば、東京人は江戸文化と海との関わりについての最後の歴史的よすがを、またひとつそこで失うことになる。

ところで、今日の江戸川区船堀・春江地区は、奈良県大和郡山市・愛知県弥富《やとみ》町と並ぶ日本三大金魚産地で、今でも何軒かの金魚の養殖業者がそこにあるが、彼らと雛祭との間には深い関係がある。水ぬるむ弥生のころになると、いよいよ金魚の出荷も始まるが、船堀の共同市場では節供のころに金魚の初セリがおこなわれる。金魚商らは江戸川産の金魚をそこから仕入れ、関東一円に流通させていたのであったが、末端の小売人・行商人たちは初セリを待たずに生産者から売物を確保し、早くも二月中から屋台を引き、天秤棒《てんびんぼう》を担いで「金魚エー、金魚」の掛け声も高らかに町々で金魚を売り歩いた。彼らは三月三日の雛祭をひとつの目安として行商をおこなったわけで、消費者の側では彼らから求めた金魚を雛段に乗せて飾るという風があった。業者の間ではこの雛祭用の金魚のことを新雛《しんひな》と呼び、雛への供物であるハマグリやスルメなどの海産物に乏しい北関東などの内陸部へ、それらの代わりとして金魚を売り歩いた。多摩地方や埼玉県内では、今でも雛段の片隅に小さなギヤマンの金魚鉢を置いて、そこに一匹の和金を泳がせる習俗が残されている。金魚商の業界では三月三日を金魚の日と定めているが、そのような形で雛祭と水辺の信仰との関わりが記憶されているともいえる。

三月十五日の梅若忌《うめわかき》の場合はどうであろうか。謡曲「隅田川」における悲劇の主人公、梅若丸は隅田川畔でこの日に没したと伝えられ、その塚とされるものが墨田区の木母寺《もくぼ》にあって、例年その命日忌の祭が盛大になされてきたのであったが、今日では月遅れの四月におこなわれている。非業の死をとげた死者の霊魂は、典型的な御霊神として手厚く祭祀されるものであるが、高尾稲荷・業平《なりひら》塚・妙亀《みようき》塚・采女《うねめ》塚など、隅田川沿いにはそうした霊祠がいくつもある。木母寺ではこの日、双盤鉦《そうばんしよう》の鉦はり念仏（大念仏）供養が盛大におこなわれ、じつに多くの参詣客がおとずれたという。彼らの多くは小舟に乗って隅田川の対岸から渡り、木母寺までやってきていたが、それは参詣を兼ねての遊覧でもあって、隅田川東岸の田園地域をおとずれるというのは、すなわちそういうことであり、正月の隅田川七福神参りの場合と同じである。梅若塚の柳の芽吹きや堤防上の桜を愛でつつ、郊外を周遊するという、弥生の水辺の行楽気分がそこにはあふれており、それは海辺での潮干狩

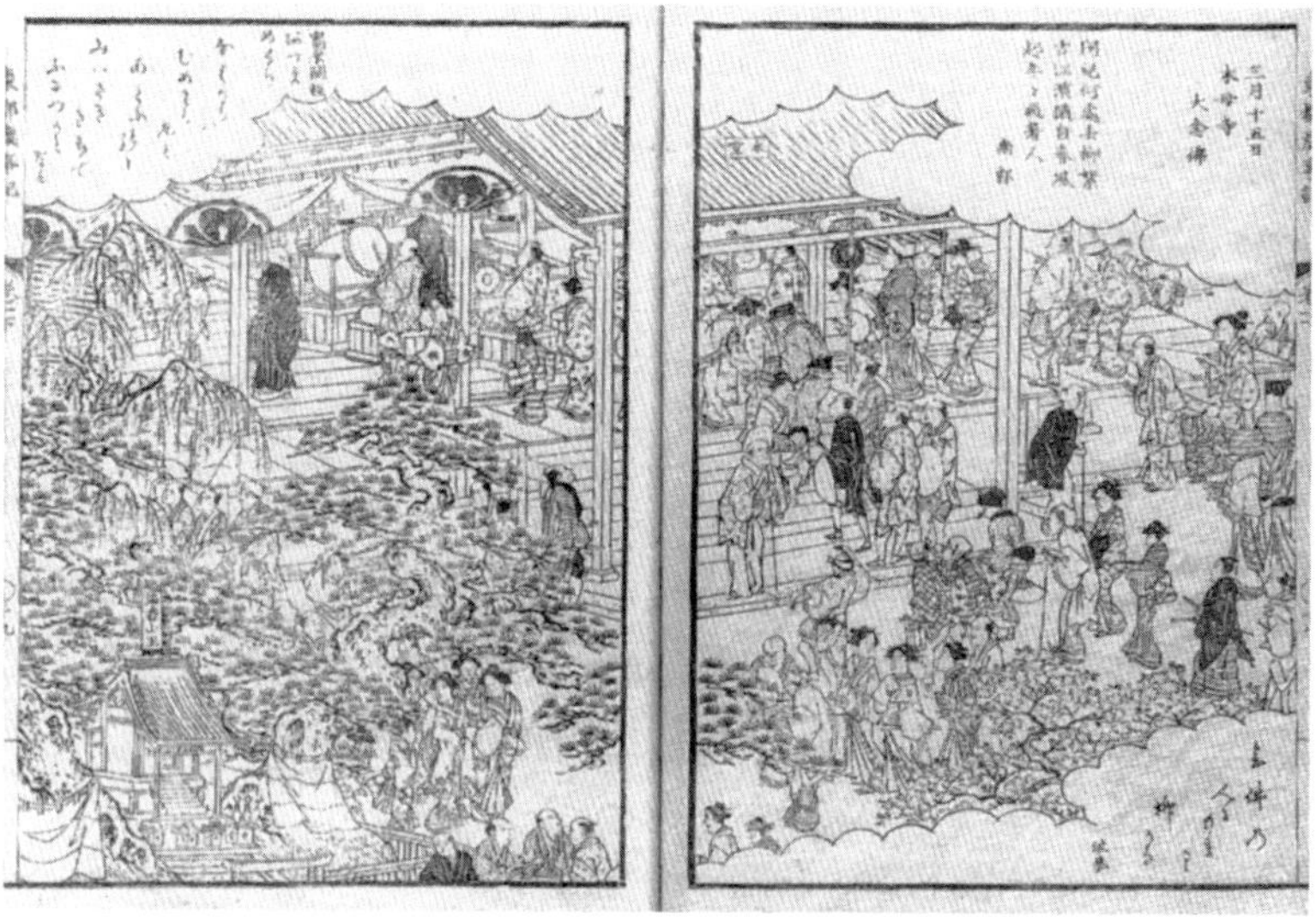

図７　三月十五日木母寺大念仏（『東都歳事記』一下）

りとまったく同じであった。さらに梅若忌の日に水神や弁天を祀ったり、疫病送りをしたりしたこと、この時節には雨がよく降り、それを梅若の涙雨と呼んだことなどにも、もちろん水辺の信仰と儀礼の要素が残されている。

桜の花見

さて弥生の遊覧ということでは、何をおいても春の花見をあげておかねばならない。今では桜の花見といえば四月であるが、旧暦時代は三月で、弥生のことを桜月・花見月ともいった。ヒガンザクラに至ってはソメイヨシノやヤマザクラに先がけて、早くも春彼岸のころに咲き、その名もそこから来ているが、今では彼岸も三月となっている。江戸の近郊には花見の名所がたくさんあり、梅見でいえば亀戸村梅屋敷の臥竜梅《がりょうばい》、向島の花屋敷（百花苑）、芝増上寺の茅野天神境内、大森八景園などが有名であったが、桜の花見ということになれば、何といっても隅田川堤、上野山および日暮里、王子の飛鳥山、品川の御殿山、小金井の五ヵ所がベストファイブとなるであろう。桜の銘木では上野山の秋色桜《しゅうしきざくら》や見合桜、渋谷の金王桜、谷中養福寺の糸桜などが著名であった。『増補江戸年中行事』によれば、桜の見ごろは立春より数えて隅田川堤で六四〜六五日目ごろ、上野山・飛鳥山・御殿山で七〇日目ごろであったという。今でもだいたいそのころであろう。

桜の五大名所はいずれも人の手で整備されたもので、八代将軍吉宗が庶民の娯楽のために享保年間ごろ、桜樹を植えさせたといわれている。とりわけ見事であったのは「墨堤《ぼくてい》十里花の山」とか「長堤十里花の雲」とかいわれた、隅田川沿いの桜のトンネルであったろう。その景観は今でも変わりないし、「春のうららの隅田川」の唱歌にも歌われたとおりであるが、さすがに今では「のぼり下りの舟人」にかわって、川を往来するのはダルマ船である。上野のお山の桜もまた昔のままに維持されており、今でも都内最大の花見の場となっている。とはいうものの、今の上野の花見は夜が中心であるのに対し、江戸時代のそれは昼間のみで、寛永寺の寺領内でのことであったから規制がきびしかった。『芭蕉七部集』の「炭俵」には「うへのの花見にまかり侍《はべ》りしに、人々幕打さはぎ、ものの音、小うたの声、さまさまなりける」とあり、松尾芭蕉《ばしょう》も上野山に花見に来ていて、弟子の杉風《さんぷう》や丈艸《じょうそう》らとともに、そこで句を詠んでいる。『芭蕉七部集』がまとめられたのは一六九四年(元禄七)のことであるから、元禄時代にはほとんど今と同じような形で、すでに庶民が花見の宴をやっていたことがわかる。落語の「長屋の花見」もまた、その舞台は上野山であった。

王子の飛鳥山の桜は、今とちがってほとんどヤマザクラであったというが、なだらかな起伏の山上に桜の林が広がり、眺望もよいうえに王子稲荷や王子権現にも近く、参詣を兼ねての花見の遊覧もなされたことであろう。今もそこに立つ山中成島道筑《やまなかなるしまどうちく》の碑は、あまりに碑文が難解なことでよく知られ、「飛鳥山何と読んだか拝むなり」とか「この花を折るなだろうと石碑見る」とかの川柳もある。花見客目当ての居酒屋や料理屋も立ち並び、「或いは丘に対し、或いは水に臨んで軒端をつらねたり。実にこの地の繁花は都下にゆづらず」と『江戸名所図会』にあるように、郊外にしては開けたにぎやかな地で、それほど多くの遊覧客がおとずれていたということであろう。品川の御殿山についても品川宿の盛り場が近く、当時の郊外レクリエーションの地としての立地条件をよく満たしている。ここは太田道灌《どうかん》の屋敷跡とも、将軍家光の鷹狩りの屋敷跡ともいわれており、御殿山の名はそこから来ている。残念なことに今では、桜の名所としての面影はあまり残されてはいない。

花見の名所の成立

江戸の桜の花見の名所は、桜樹の人為的・計画的な植樹によって生まれたものであったが、それにしても、もともと何もなかった場所に桜を植えたからといって名所は成立せず、立川市の昭和記念公園などとはわけがちがう。もともと春の遊覧・野見の地として、庶民

図8　御殿山看花（『江戸名所図会』巻二）

がよくおとずれていたような郊外レクリエーション・エリアが、さらに整備・補強されていくような形で、花見の名所となっていくのである。そこにはたいてい著名な寺社などがあって、そこへの参詣ということから遊覧が始まったかもしれないし、そういう素地があってこそ名所となりうる。また、さらにいえば江戸の桜の名所には、やはり水辺の環境という要素が必ず満たされており、これも重要な条件のひとつだったのではないであろうか。墨堤における隅田川、上野山における不忍の池、飛鳥山における音無川（石神井川）、御殿山における江戸湾（東京湾）、小金井における玉川上水が、まさにそれであったろう。

古い時代には、人々はそのような場所にうろついていたであろう無数の精霊たちへのほどこしをそこでおこないつつ、それらを流し送っていたのかもしれない。後世、それがしだいに遊覧・遊興の要素に傾いていったのであろう。土堤上や丘陵上を埋めつくす花の海、そしてその高みから見おろす水辺の景色、水面に散っては流れていく桜の花びら。ここに春もきわまれりといった情景を眺めつつ、心ゆくまでそれを愛でては盃をかたむけ、人々は心身をリフレッシュさせたことでもあろう。しかしそこには、大昔になされていた弥生の水辺における古い信仰の姿の、その遺風もまたかろうじて伝えられていたと考えたい。

弥生の野遊び

さて現在の東京では飛鳥山も御殿山も、屈指の花の名所と呼べるほどのものではなくなり、小金井に至っては桜そのものがすっかり消滅してしまったが、隅田川土堤や上野山についてはいかに戦災後の復元がくわえられているとはいえ、江戸以来の花見の名所としての地位を失っていない。さらにくわえて、外濠公園・靖国神社境内・皇居千鳥ケ淵・青山墓地・井の頭公園などの新名所もまた、生み出されるに至っている。桜の時期ともなれば、それらの場所で相変わらずの花見の宴が今でもさかんになされているし、新入社員らがその場所取りをやらされて、昼間のうちからシートを敷いて陣取りをしては暇つぶしの昼寝をやっているのはまだほほえましいが、夜ともなれば目も当てられぬような無礼講の乱痴気騒ぎが、そこで繰り広げられる。大学の新人歓迎コンパのごとく、時には急性アルコール中毒の犠牲者が救急車で運ばれていくことすらあって、外国人がこれを見たなら、いったい何をそこに感ずるであろう。

自己表現と自己主張をせず、万事に組織の利害を優先させては個を殺し、無難に振る舞うことをよしとする従順な日本人が、なぜにここまではめをはずして時には攻撃性を発揮し、他人に酒を強要したりセクハラまがいの痴態を演ずることができるのであろうか。はじめてそれを見た外国人は戸惑うかもしれないし、礼節を重んじるという日本人像の既成イメージも吹っ飛んでしまうかもしれない。そもそもが、この花見の無礼講は諸外国にも見られる習慣なのであろうか。答はノーで、花見に名を借りた狂宴の習慣というものは、日本以外には例を見ない。花見は日本独特の習俗で、とくに江戸東京で非常に盛大化したものである。先に述べたように、その基底には春の野遊びの習慣というものがあり、さらにその昔の古い形は水辺の儀礼であったと思われ、先の雛祭や潮干狩りの行事もまた、その淵源をそこに求めることができる。

桜の花にかこつけて、古い弥生の野遊びの風が復活・活性化し、さらにそれが花より団子の精神にもとづいてますます遊興化していき、ついには現代の上野公園の狂宴の姿にまで、それはゆきついてしまった。

とはいえ桜の花にはそのあでやかさとは裏腹に、つねに人の死のイメージがつきまとっている。かつて西行法師がするどくそれを感じとったように、あるいは人の生命と生気とを吸い取るがゆえに桜の花は美しいとか、桜樹の根の下には人の死骸が埋まっているとかいわれることも、死霊のシンボルとしての桜の存在を物語っている。花咲爺の桜もまた愛犬の死と切り離せないし、花と散った特攻隊の死生観も桜の花に象徴されている。「桜花」という名の特攻機さえあったし、靖国神社の桜は英霊たちの化身でもあった。弥生の野に咲く桜に出会いにいくことは、そこにシンボライズされているおびただしい数の浮遊霊・死霊との交流を意味していたのかもしれない。

夏

卯月の仏参

花祭と家々のまじない

四月八日はいうまでもなく釈尊の誕生日である。寺々ではそれを祝う降誕《こうたん》会《え》の法会がいっせいにおこなわれ、参詣者らは釈尊の誕生仏に甘茶をかけて拝礼をおこなった。誕生仏を納める花御堂《はなみどう》の屋根は、美しく花々で飾られることになっているので、俗にこれを花祭と呼ぶことは誰もがよく知っている。江戸時代、もっともこの祭がさかんだったのは、おそらく両国の回向院《えこういん》であったろう。この日の回向院の境内は、大群衆で埋めつくされたというし、参詣客は誕生仏に甘茶をかけるのみならず、その甘茶を寺から買って家に持ち帰ったそうで、そのための竹桶屋が何軒も出ていたという。上野寛永寺の法華堂・浅草観音・芝増上寺・大塚護国寺・小石川伝通院《でんづういん》・茅場町薬師などの花祭もまた、おおいににぎわった。今日では回向院のそれはなされていないものの、浅草寺・護国寺・増上寺の花祭はなお盛況で、さまざまなイベント行事などもあわせておこなわれ、参詣客の数もかなり多くて、今なおその活況は失われていない。

一八八九年（明治二十二）の『風俗画報』の記事によれば、諸寺院での花祭のにぎわいは維新後も衰えることなく、回向院での甘茶の授与などもまったく今までのとおり、盛大になされていたという。その記事にはまた、この花祭の日の民間習俗も取り上げられていて、「寺の境内には薺《なづな》および卯の花を鬻《ひさ》ぐもの出づ。参詣人はこれを買ひ帰りて仏前に供ふ。薺は虫除の呪なりとて糸もて行灯の中に結び下げ置く家多し」とある。門前の露店では仏壇の供花用のウツギと、虫よけ用のナズナを売っていたというのであるが、ペンペングサが売物になったとは驚きでもあり、それを行灯の中に吊るせば虫よけになったという。とはいえ、この虫よけということは重要で、卯月《うづき》八日という日はなぜか虫よけのまじないがよくおこなわれる日であった。また、この日にナズナの葉を揉《も》んで目につけると眼病が治り、爪につければよく爪が切れるなどということもよくいわれていた。いよいよ温暖な季節となってきたので、虫や病毒への注意を払わねばならず、ぼちぼちそうした祈願があらわれてくること自体は、自然な季節感覚でもあったろう。

図9　浅草寺の花祭

図10　灌仏会（『東都歳事記』巻二）

虫よけと蛇よけ

家々での虫よけのまじないには、花祭の甘茶も用いられていた。寺から受けてくる甘茶は何のために家へ持ち帰るかというと、飲み物とすることはもちろんであるが、もっと大切なことはその甘茶を硯《すずり》に注ぎ、墨をすることであった。その墨で紙に呪文を書き、便所に逆さまに貼っておくと、ウジ虫よけになったのである。その呪文とは「千早振る卯月八日は吉日よ、かみさげ虫を成敗ぞする」というものであったが、「千早振る」を「年ごとに」、「かみさげ虫」を「髪長虫」とする場合もある。「雪隠《せっちん》へまで虫除けの和歌の国」という川柳はこれをいっているが、下町の旧家などでは今でもそのまじないをやっている家がよくあり、こうした習俗はなかなかに消え失せない。

蛇よけ・マムシよけのまじないというものもあった。江戸東京のど真ん中で、マムシが出ることはほとんどなかったであろうが、屋敷守りのアオダイショウぐらいはいたことであろうし、都市生活者というものは蛇を非常に嫌ったものである。そこで蛇よけの護符を祀ることになるが、それを専門に授与する家が江戸西郊の北見村にあって、俗にこの家を蛇除伊右衛門・北見伊右衛門と呼んでいたが、その子孫である斎藤家は今でも世田谷区の喜多見にある。斎藤家では年に一度、この卯月八日の日にかぎって蛇よけ札を出したので、それを求める人々が江戸市中から繰り出して群集したという。蛇除伊右衛門のことは、じつに多くの近世の随筆資料や歳事記類に出ているので、よほどの評判であったことは確かであろう。江戸の願掛け祈願のガイドブックとしてよく知られる、『江戸神仏願懸重宝《がんがけちようほう》記《き》』に収録された三一ヵ所の祈願対象のひとつにもそれは選ばれていて、「武州多磨郡北見村斎藤伊右エ門といへる百姓の家にいたりて小蛇の除を乞《こう》にあるじの自筆をもつて小き紙に『北見村斎藤伊右エ門』かくのごとく書てあたふ。これをへびの這いづべき所へ張おくに其処《そこ》へハ蛇まむしのたぐひのいづることなし」と述べられている。その札が入手できなければ、紙にそのように書き写して貼っておけば同じ効果があるばかりでなく、道で蛇に出会った時に「伊右衛門、伊右衛門」と唱えるだけで、嚙まれずに済んだとまでいわれていた。

井の頭弁天の伝説では、卯月八日に長者の娘が池に入水《じゆすい》して蛇体に変身したとの話が伝えられているが、水神・弁天信仰との関わりから、もともとこの日は蛇というものと縁の深い日であった。しかしここでは、厭うべき存在としての虫や蛇をしりぞけるためのまじないということが重要であって、それは初夏の除疫・除災のテーマのもとに、次の五月・六月へと向かってさらに強調されていくのである。

巡礼と開帳

春から夏にかけては、巡礼のさかんにおこなわれた季節でもある。年初の七福神参りもいわばその類であったが、巡礼といえば通常は仏寺参りをいうので、七福神参りはやはり巡拝である。かつて非常にさかんにおこなわれていた六阿弥陀参りも、わずか六ヵ所の阿弥陀を巡拝するのみで、それらを安置する寺院をさして札所《ふだしょ》とは呼ばないし、厳密に見れば三十三ヵ所・八十八ヵ所詣での巡礼と同格には扱えないかもしれないが、いちおうはそこに含めておこう。この六阿弥陀参りは寛政期ごろから流行し出したもののようで、当初は上豊島の西福寺・下沼田の延命院・西ケ原の無量寺・田端の与楽寺・下谷広小路の常楽院・亀戸の常光寺の六ヵ所の阿弥陀を巡拝するものであったが、のちにその写しである山の手六阿弥陀参りの新コースも創設された。いずれの六阿弥陀参りも春の彼岸中になされたので、それは旧暦時代における二月の巡礼であり、西方三十三所観音札所参りなどとともに、季節的にみれば江戸の巡礼の皮切りであったといえる。

引き続く旧暦三月は巡礼の最盛期であって、さまざまな巡礼コースごとに活発な寺院のハシゴ参りがおこなわれた。それはすでに述べた弥生の遊覧の延長線上にあって、その一環ともいえる習俗なのでもあったが、三十三ヵ所・八十八ヵ所の寺詣でということになると、もはやそれは遊覧・遊山の度を少々越えており、易行《いぎょう》というよりは難行《なんぎょう》であって、より敬虔《けいけん》な信仰的動機に裏付けられている。四国八十八ヵ所を写した江戸八十八ヵ所弘法大師参りなどは、三月十日から二十一日までの間に巡礼をなすべきものと定められていた。しかしながら八十八ヵ所の巡拝を達成するというのは、交通手段の発達した今日であってさえ大変なことで、そういうこともあってか季節はさらにずれこみ、四月に至ってもなお巡礼はかなりさかんになされていた。結局のところ、旧暦時代の江戸の巡礼は二月下旬～四月上旬ごろ、新暦時代にあっては三月下旬～五月上旬ごろになされていたということになるであろう。

それはちょうど各寺院の開帳のなされた時期、そして代参講中の旅立ちの時季とも一致する。開帳については居開帳《いがいちょう》と出開帳《でがいちょう》とがあり、前者はその寺院の本尊、後者は他所の寺院の本尊などを迎えてきて特別公開することをいい、寺社奉行からの許可を得て旧暦二月下旬～四月上旬ごろまでの、おおむね六〇日間にわたってそれがおこなわれていた。とくに出開帳の一大イベントは江戸の専売特許のようなもので、信州善光寺如来や甲州身延《みのぶ》山《さん》の祖師《そし》（日蓮聖人像）、京都嵯峨野の釈迦如来や成田不動尊などが、たびたび江戸の諸寺院の場を借りて開帳され、巨万の参拝客がそこに群集して門前市をなし、寺の経営にも多大な貢献をもたらしてきた。代参講については、相州大山の石尊権現《せきそんごんげん》そして大聖《だいしょう》不動明王、武州御嶽山の蔵王権現そして大口真神《おおぐちまがみ》などの、遠隔地の寺社を講の代表が代理参詣することをいい、落語の「大山参り」で知られた大山講中の場合は、両国の隅田川畔の垢《こ》離場《りば》で禊ぎをしてから相州へ旅立った。この開帳と代参のシーズンということと先の降誕会のことなどをも合わせて、ここでは卯月の仏参というくくり方をし、さらに次の巡礼の問題も四月の行事としてここに位置づけてみたい。現代は隠れた巡礼ブームの時代で、目立たぬ形で江戸以来の巡礼習俗がかなりさかんになされているが、その主力であるシルバー族たちが朱印帳を片手に寺めぐりをする姿が見られるのは、やはり今の四月中のことである。

江戸東京の巡礼

坂東・西国の三十三ヵ所、秩父の三十四ヵ所、四国の八十八ヵ所のそれぞれの巡礼行脚《あんぎゃ》は、一生に一度の大善行としてそれを実践してみようと思ったところで、多大な費用と時間と労力とをともない、当然誰もができたことではありえない。そこでそれを江戸東京に写し（移し）、ミニ巡礼コースの行脚で同等の御利益を得ようとのくわだてが、なされることになる。それは富士山に登拝したくともできない人々のために、人造富士としての富士塚を築いて諸人を登らせ、富士禅定の境地を実感せしめようとしたこころみにも通じる。そのようにして数々のミニ坂東やミニ四国の霊場めぐりのコースが、この東都にもたくさん生み出されていった。

一七五一年（寛延四）版『江戸惣鹿子《そうがのこ》名所大全』には、近世江戸三十三所観音・西方三十三所札処のふたつの江戸の巡礼コースが紹介されているが、その約九〇年後に出版された一八三八年（天保九）版『東都歳事記』には、三十三ヵ所観音詣で関係で一一、四十八ヵ所地蔵詣で関係で三、八十八ヵ所大師詣で関係で二、その他を含めて計二六の巡礼・巡拝コースが取り上げられている。江戸市中やその周辺で、いかに活発に巡礼がおこなわれていたかがよくわかるが、新コース作りはその後もなおさかんで、第二次大戦後にも多くのコースが創設されており、『江戸・東京札所事典』（塚田芳雄編）という資料を見てみると、過去に消滅したものまで含めた一九八九年時点で、三十三ヵ所では三五、八十八ヵ所では二〇、その他を合わせれば計七四のコースの、都内での存在が確認されている。

巡礼コースの中でもっとも歴史の古いのは江都《えど》三十三所と思われ、ついで江戸三十三所・山の手三十三所・近世江戸三十三所が、『続江戸砂子《すなご》』の一七三五年（享保二十）版に出てくる。八十八ヵ所関係では御府内八十八ヵ所がもっとも古く、その創設時期は一七五三年（宝暦三）ころとも、一八〇三年（享和三）ともいわれている。江都三十三所は一九七六年に再興され、現在では昭和新撰江戸三十三所と呼ばれているし、御府内八十八ヵ所は明治〜大正時代にもじつにさかんに巡礼がなされていて、戦後も一九八四年の弘法大師入定一一五〇年遠忌《おんき》に際して多くの人々が巡礼をおこなった。これらの人気巡礼コースでは、その後の構成寺院の廃寺や移転と新寺院の補充などがあって、札所寺院の顔ぶれは必ずしも江戸時代のままではないが、現代の隠れた巡礼ブームに支えられて、今も維持されているのである。

明治の巡礼風俗

明治時代の東京の巡礼は、次のようなやり方でなされていた。まず巡礼をおこなう一行は、四国遍路などと同様に白装束に身をかため、菅《すげ》笠《がさ》をかぶって手には杖を持ち、鈴を鳴らしながら巡拝をおこなった。札所の参詣順路は必ずしも番数のとおりでなくてもよかったらしく、一地区に分布する札所群をひとまとまりずつこなしては、また次の地区へと移動するやり方で、おおよその一筆書き的な定まったルートがおのずとそこに形成され、ルート沿いには巡礼者たちが立ち寄る休憩所としての、お決まりの茶店などもできていく。山の手の渋谷区内には、もみじ団子・おなか団子・お授け団子などと俗に呼ばれるそうした巡礼茶店が、昭和のころまで残っていた。

札所に着くと一行は本尊前で拝礼をし、御詠歌を唱和した後に自分の名を記した名札を札場へ貼っていく。名札を貼るというのは江戸東京独特のやり方であったようで、寺ではそのための札場をきちんと用意しておいた。札場を見ると、同じ巡礼者の名札が三〇枚も貼ってあるのが見られたそうで、それは三〇回の巡拝をした証であった。巡礼三〇度を達成すると赤札を作り、それを巡礼仲間にも配るが、非常に尊重され、それを持っていると病気も治ると信じられていた。以後、五〇度で銀札、七〇度を達成すれば金札を作ったが、回を重ねていくほどに御利益もまた増していく。四国・西国・坂東・秩父の本格的な巡礼にあっては、一生に一度それをおこなうことができればよいところで、富士の登拝ならばまだしも、三〇度・五〇度の達成ということはまったく考えられない。本物を模したミニ巡礼であるからこそできることであって、そこにこそ東京の巡礼の特徴があった。いかに八十八ヵ所とはいえ、一度の巡礼に五日間以上をついやすものではないとされていたことも、また短距離巡礼ならではのルールであった。

巡礼とお砂踏み

巡礼省力化をさらに極限にまで追求したものが、いわゆるお砂踏みである。これは、四国や西国の全札所寺院の境内の砂を集めてきて江戸東京の一寺院に祀り、その上を踏みしめることによって、西国三十三ヵ所や四国八十八ヵ所を歩いたことに代えるというものであって、それをしたのと同じ御利益があるとされた。足立区の西新井大師（総持寺）の境内には栄螺《さざえ》堂という風変わりな堂があり、その堂の地下には一九〇二年の再建時に、講中の手で納められた四国・西国・秩父・坂東の全霊場の砂が埋まっている。これを踏んで拝礼するならば、四つの巡礼を一度に済ませたのと同等の御利益があるといい、それらの巡礼をしたくともできない人々に、あまねくその功徳《くどく》を分け与えんがための施設なのだという。港区三田の明王院という寺などは、御府内八十八ヵ所参りのさながら拠点的寺院でもあったが、境内にある御砂塚には四国八十八ヵ所の霊砂がやはり納められている。同様な施設は練馬区高野台の長命寺、杉並区和泉の文殊《もんじゅ》院、渋谷区東の室泉寺《しつせんじ》などにも設けられている。

江東区富岡の永代寺では、毎年六月十五日に四国霊場お砂踏みの法会もなされている。これは四国八十八ヵ所の全霊場の砂を詰めた布袋を、一袋ずつずらりと本堂の床上に並べて遍路道を作り、その上を参拝者に順に踏ませて歩かせ、擬似遍路体験をさせるという儀式であって、多くの老婦人たちが毎年それをおこなうために寺に集まっている。同じことは世田谷区瀬田の玉川大師（玉真密院《ぎょくしんみついん》）や新宿区西早稲田の放生寺《ほうじょうじ》でもなされており、放生寺の場合は、まさに巡礼シーズンにふさわしい毎年四月十八日に、そのお砂踏みの法会がおこなわれていて、多くの参詣者でにぎわっている。

卯月の仏参では、降誕会の花祭や寺院の開帳法要、そして巡礼・巡拝などがさかんに見られた。とくにこの時季におこなわれていた巡礼の行脚は、一方でその省力化のためのこころみも種々なされてきており、いかにも都市生活者にふさわしい難行を排した信心のあり方も他方では見られたわけであったが、郊外地域を自らの足で広く行脚してみるという行為には弥生以来の遊覧・遊興・遊山の雰囲気が、なお継続されている。うららかな初夏の陽を浴びて街の外に出てみる、田園風景の中にわが身を置いてみる、ということがそこでは大切で、それにともなう古い信仰の姿はほとんど失われてしまったとはいえ、野に出ていこうとするその形だけは残されている。しかし、こうした巡礼がことごとく遊覧半分のものであったとは思えず、金札・銀札を配るほどの篤信者もいたのであるから、もちろんそこには真剣な祈りもまたあった。それはかつての古い信仰に代わる、新しい時代状況の生み出した祈願の姿でもあったろう。

皐月の祭礼

端午の節供の菖蒲

五月は躍動の季節、そして祭の季節である。万物が生気をみなぎらせるこの時季に、人間もまた躍動の時を迎える。夏を迎えた喜びを最大限に表現するかのように、五月からは盛大な下町の夏祭が始められるのであるが、それらの祭には都市生活者にとって最大で究極の、そして永遠のテーマであるところの御《ご》霊《りょう》信仰と、それを媒介とした除災・除疫の主題がつらぬかれている。まずは家々の祭から見てみよう。

五月といえばそれはまず五日の端午《たんご》の節供であり、鯉のぼりと五月人形を飾って男児の成長を祝う行事がおこなわれる。その鯉のぼりと五月人形はいったいいつごろから始まったものかというと、外飾りについて見れば、貞享年間（一六八四～八八）ごろのそれは兜《かぶと》人形や旗のぼりが中心であった。それが、たびたびの町触れの禁制によって人形の方が廃れ、旗のぼりのみが残って文政～天保年間（一八一八～四四）ころには小さな鯉のぼりがあらわれ、維新後は鯉のぼりばかりになって、今のような形になったという。一方、内飾りについては、当初は武具や兜人形が飾られ、大正時代になって今のような精巧な造りの武者人形が、いろいろあらわれたといわれている。

十軒店《じっけんだな》にはこの時も雛市が立ち、「端午には冑《かぶと》人形・菖蒲刀《あやめがたな》ここに市を立てて、其賑《そのにぎわい》をさをさ弥生の雛市におとらず」と『江戸名所図会』にも述べられている。湯屋では菖蒲《しょうぶ》湯《ゆ》が立てられ、人々は菖蒲酒を呑み、柏餅・粽《ちまき》を食べ、子供らは菖蒲の鉢巻きを頭に巻いて菖蒲刀を腰にさし、合戦ごっこに興じた。戦後の子供たちも、ついこの間まで新聞紙の兜《かぶと》をかぶってチャンバラをしたものであったが、今ではそれも見られない。江戸時代には菖蒲たたき・菖蒲打ちといって、菖蒲の束で地面をたたいて回るという農村部と同じ習俗を、江戸の子供たちもさかんにやっていた。家々の軒先を飾る魔除けの屋根菖蒲にしても、都市・農村を問わずになされていたことである。端午の節供といえばなんでもかんでも菖蒲ばかりであるが、菖蒲の葉の独特な香りが邪気を払って病魔を撃退すると考えられていたのは、確かなことである。屋根菖蒲は家内への悪霊の侵入をふせぐまじないであるし、菖蒲湯も菖蒲酒も病から身を守るための消毒薬のようなものであった。子供が菖蒲の鉢巻きをすれば病気にならぬとか、その葉を矢羽根に切って女性が髪にさすと頭痛にならぬとかいわれたことも、菖蒲の持つ呪性を物語っている。節供の粽もまた病気よけの効果があり、陰干しにして保存しておいて薬に用いることさえあった。

江戸の庶民がもっともおそれたことは病である。これから盛夏に向かおうとするこの時季、伝染病・流行病の脅威はますます増大するので、除疫のための祈願やまじないの要素がしだいに強調されてくるのが初夏の年中行事の特徴であって、五月節供の行事内容にもそのことが非常によくあらわれている。

昭和期以降、その節供の菖蒲を売るための市が立ったのは、清正公《せいしょうこう》の祭である。それは港区白金台にある日蓮宗寺院、覚林寺《かくりんじ》の夏祭であって加藤清正《きよまさ》を本尊に仰ぐ寺であるため、俗に清正公様《せいしょこさま》と呼ばれている。もともとの祭は清正の生誕日で命日でもある六月二十四日になされていたらしいが、いつしかそれは節供の日の祭となり、清正にあやかっての子供の健康な生育祈願の祭として盛大化していった。この日の覚林寺の境内には大きな旗のぼりが飾られ、夜店も立ち並ぶ。かつての夜店の名物は紙の鯉のぼりと菖蒲で、いかにも節供の祭にふさわしかったが、参詣者らは門前に並ぶ菖蒲屋から一束の菖蒲を求め、それを持ち帰って家々の風呂に入れ、菖蒲湯を立てたのである。寺から出されている勝守りにも、小さく切った菖蒲の葉が一枚入っており、菖蒲・勝負・尚武の語呂合わせの祈願をそこに見ることができる。

水垢離祭と梵天祭

皐月《さつき》の除災・除疫というテーマは、さまざまな祭の形をとって表現されているが、病魔を隅田川の流れに送り出し、自らも川水を浴びて禊《みそ》ぎ祓いをおこなうという祭も、江戸時代にはさかんになされていた。たとえば梵天《ぼんでん》祭などといって、やはり五月五日に若者たちが赤白青の大きな幣束《へいそく》を作り、これを梵天と称して大伝馬船に乗せ、隅田川の川中へ繰り出してそこで水垢離《みずごり》を取るという祭が、川沿いの町々で盛大になされていたという。『絵本江戸風俗往来』にも、これについて「悪気を払うとて端午節句の早朝行う」と述べられていて、それが祭の目的であったが、もちろん水難よけの意味もあったことであろう。大山石尊講中の場合はさらに盛大にそれをおこない、五月五日に梵天と大きな木製の太刀とを押し立てて、あちこちの川中で若者らが水垢離をした。木製の太刀には「大山石尊大権現大天狗小天狗諸願成就」などと書かれており、代参の時などにもそれを担いでいったようであるが、石尊講中のシンボルのようなものであった。水垢離の時には、その木の太刀を担いで水中に飛び込み、「懺悔懺悔《さんげさんげ》、六根清浄《ろっこんしょうじょう》」と唱えるのであるが、川中に立てる梵天は丸太の先に空き樽を取り付け、そこに色とりどりの幣束をたくさん刺したもので、祭の後にそれを町内の家々に一本ずつ売って直会《なおらい》の酒代を得ていたとのことである。

節供の日の水垢離祭の面影を今なお残す祭として興味深いのは、墨田区東向島の白鬚《しらひげ》神社で今でも五月五日におこなわれている、その名も梵天《ぼんでん》祭であったろう。この日の朝、神社に集まった氏子らは何本かの幣束を自ら作って神事にのぞみ、それを隅田川畔に立てて水難よけの祈禱をおこなっているが、川岸に立てられたままそこに残される何本もの幣束（梵天）は、かつての水垢離祭の姿をかろうじてそこにとどめている。祭のあり方はかなり簡略化してしまっているものの、かつては船上神事や実際の水垢離などもなされていたかもしれない。

隅田川の花火と川開き

考えてみれば、今では新暦八月の祭となっている隅田川の花火大会も、江戸時代には五月二十八日におこなわれていた両国の花火をその起源としており、それはじつは隅田川の川開きの祭なのであった。江戸時代の隅田川の納涼期間は五月二十八日～八月二十八日と決まっており、この期間がいわば江戸の夏な

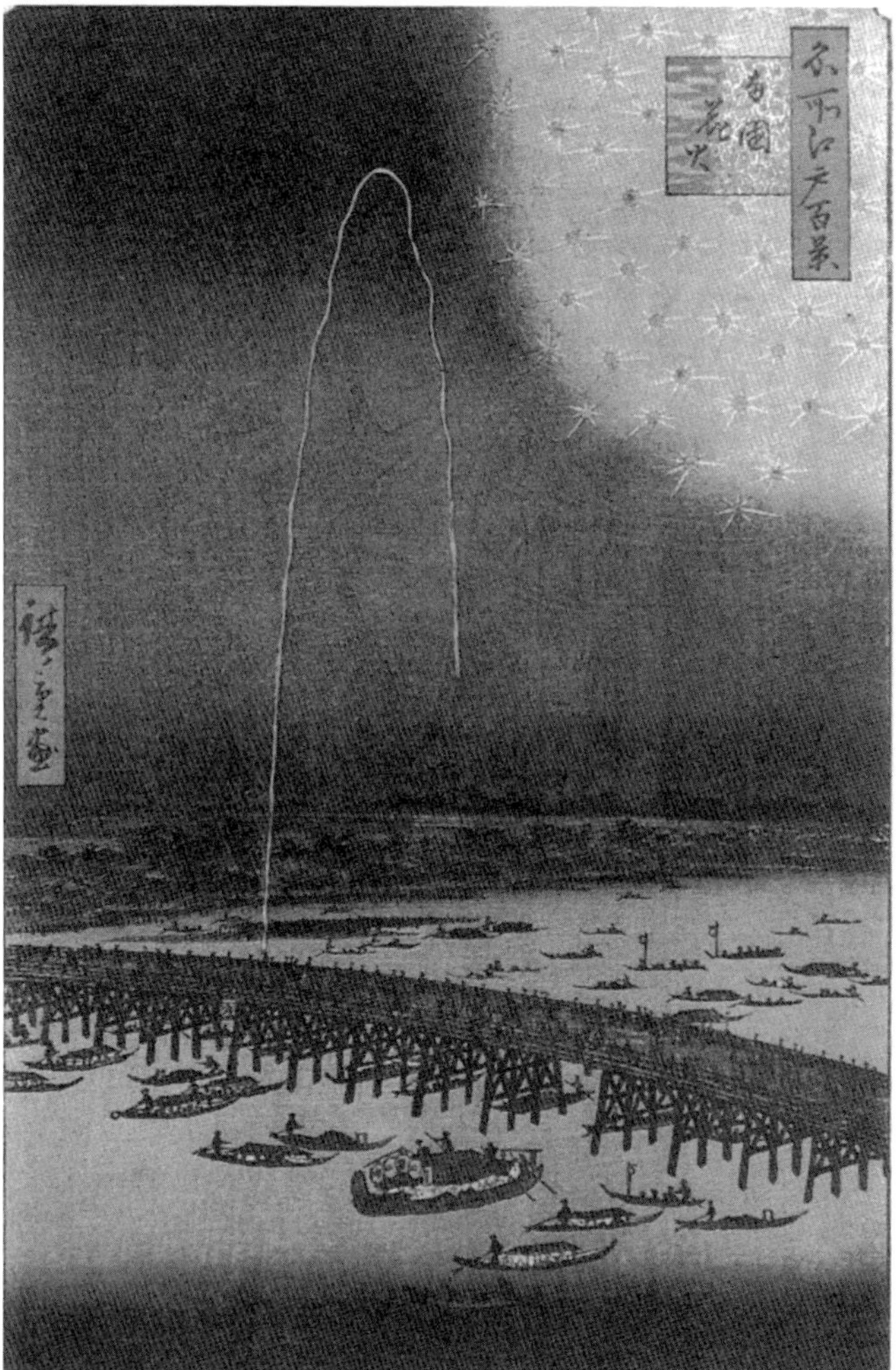

図11　隅田川の花火（歌川広重「江戸名所百景　両国」）

のであって、それは富士山の開山期間などともほぼ一致する。その初日におこなわれるのが両国の花火であるから、それは江戸の夏の開幕を告げる一大イベントでもあった。この日をもって隅田川での水泳も解禁され、子供らは大川（隅田川の吾妻《あづま》橋あたりから下流の通称）で泳ぐこともできた。また、両国橋のあたりには多くの夕涼船が集まり、船遊びの遊覧客相手の夜店もたくさん出て、納涼踊りなどもさかんにおこなわれるようになり、隅田川は一大遊興地へと変貌するのである。

隅田川の川開きの祭はこのように、江戸時代からしてすでに、玉屋・鍵屋の花火見物と納涼船の遊覧ばかりが中心になってしまっており、その本来の祭の目的である水難者供養と水難よけの祈願の要素とを欠落させつつあったが、川沿いに浮遊する無数の精霊たちにほどこしを与えて川の安全を祈ることが、本来の祭の趣旨であったにちがいない。第二次大戦後に両国の花火が廃れてしまい、それが復活するまでのしばらくの間、かわって荒川・多摩川筋の川開きが盛大化していって、東京を代表する花火大会としての地位をすっかりそちらに奪われていたものであったが、これらの花火大会ではきちんと水難者供養もなされている。たとえば多摩川の花火を例にとれば、和泉多摩川の橋の下には地元寺院の僧侶らの手で河原に祭壇が設けられ、川施餓鬼《かわせがき》供養の読経が今でもおこなわれている。河川敷に集まった多くの見物人たちは、今や遅しと花火の打ち上げられるのを待っているが、儀式の方に注目する人々はまったくといってよいほどいない。けれども本来、それは儀式あっての花火なのである。

下町の夏祭の始まり

五月の夏祭はさらに続く。この月の中旬からは、下町の夏祭がいよいよ本格的に始まるのである。現在の日取りでいうならば、その皮切りは十日に始まる下谷《したや》神社の祭で、引き続く十五日ごろからは（現在は中旬の週末）神田祭、十八日（現在はその前後の週末）からは浅草の三社《さんじゃ》祭が始まり、下旬にかけては下谷の小野照崎《おのてるさき》神社、湯島の湯島天神社、上野の五條天神社などの祭がそれに続く。中でも有名なのは、もちろん神田明神（神田神社）の神田祭と浅草神社の三社祭であって、これが済まないことには江戸っ子たちに夏がやって来ない。しかしながら、じつをいえば神田祭も三社祭も、江戸時代には五月の祭ではなかった。前者はもともと九月、後者は三月におこなわれていたものを後に変更し、多少の変動はあったものの、基本的には明治時代にほぼ今のような日取りになったのである。

ではいったいなぜそれが新暦五月に落ちついたのかといえば、さまざまな事情はあったにせよ、最終的にはその氏子たちの季節感覚にぴたりとあてはまったということに尽きるであろう。江戸っ子たちにとって祭といえばやはり初夏なのであって、農村部でなされているような、農繁期前の春祭や収穫感謝の秋祭というようなパターンでは、やはりしっくりこない。「耕さざる者」にとっては予祝《よしゅく》も収穫祭もなく、必要なのは都市生活の繁栄をおびやかすさまざまな災厄に対しての防御と、そこでの個人の現世利益の追求である。洪水や旱魃《かんばつ》、作物の病虫害といったことからは、驚くほど自由であった都市民にとっての最大の生活上の脅威といえば、それは主として疫病と火災なのであって、それらの災厄の自らに及ばぬことを祈るために祭がなされたといっても過言ではない。とくにこの初夏という季節は、疫病発生に関する潜在的危険度がもっとも増す時季であって、それを抑えるための儀礼的手続きを踏みながら、いかに人々がそれに腐心してきたかは、今まで述べてきたとおりである。ゆえに江戸東京においては、そしておそらく都市生活者の形作る社会にあってはどこでも、共同体の繁栄を願う祭はこの時節におこなわれなければならなかったことであろう。

改暦や神仏分離の大変革を経た後の東京の主要な神社の祭が、その氏子たちのニーズにしたがいながら、そのように変更・調整されてきたことの背景には、ゆるがすことのできない都市社会の生活リズムが存在したものと考えられる。

かつて九月十五日におこなわれていた神田祭が五月に移されたのは、台風シーズンを避けたためと一般にはいわれているものの、上記のような事情も大きくはたらいたものと考えておきたい。その結果、神田祭は六月の山王祭《さんのうまつり》とほぼ同じ時季に、それより一ヵ月先立っておこなわれることになった。いうまでもなく江戸時代の神田祭と山王祭は、毎年交替で本祭《ほんまつり》が隔年になされ、そうでない年は陰祭《かげまつり》であったが、丑・卯・巳・未・酉・亥年は神田祭、子・寅・辰・午・申・戌年は山王祭と決められていて、それが天下祭・御用祭のしきたりであった。

神田祭と平将門

当時の神田祭の神幸祭《しんこうさい》は今のように神輿《みこし》行列が中心ではなく、大伝馬町《おおでんまま》諫鼓鶏《かんこどり》の屋台を先頭とする三六台の山車《だし》巡行が呼び物で、京都の祇園祭や関東各地の天王祭のスタイルと共通するものであり、そのような神幸祭の形態をとって各氏子町内の修祓《しゅばつ》がなされていたということであろう。江戸城内への巡行まで一部許されていたこの山車行列の装飾は、まさに天下祭の格式をもってその華美を競いながら、ますます豪華なものになっていったが、それは天王祭型とでも呼ぶべき御霊系の祭の大きな特色でもある。また、神田明神はかつて芝崎（今の大手町）にあり、江戸城の拡幅にともなって駿河台・湯島台へと順次移転し、現在地に落ちついたのは二代将軍秀忠の時代であったといわれているが、芝崎時代の祭に

図12　神田祭の屋台「松竹梅」(横大工町,『神田明神祭礼絵巻』)

は神輿《みこし》の舟渡御《ふなとぎょ》もなされていたという。神輿は竹橋のあたりからわざわざ舟に乗せ、平川を下って小舟町まで渡ったというのであるが、それは川面での疫病送りの儀式の風を残すものであったかもしれない。

神田明神に祀られた本来の主祭神は、誰が何といおうと平将門《たいらのまさかど》なのであって、明治政府の圧力で一時それが祭神からはずされ、今またそれが大己貴命《おおあなむちのみこと》・少彦名命《すくなびこなのみこと》に次ぐ第三位の地位に甘んじているという事情があるにせよ、氏子たちが一貫して崇め続けてきた明神の神はただひとつである。なにしろ、田原藤太《たわらのとうた》が成田不動に祈願して将門を討ったからといって、神田っ子は決して成田山へ詣でないといわれたくらいであるから、その信心の度合は軽々しいものではなかった。現世への強い思いを残しながら倒れた者の霊魂が、御霊信仰の対象となるということから見れば、将門は典型的すぎるほどの立派な御霊神であって、神田明神は東都最大の御霊の神祠であったといってよい。その強い霊力を畏怖《いふ》しながら首塚を祀り、初夏の防疫に関する守護を江戸の庶民たちは将門に託してきたのである。明神が旧地の芝崎にあったころの祭は、『慶長見聞集』にあるように「毎年九月祭礼の節は件《くだん》の木立の中に昇《のぼり》を立ならへ、近在町方より栗柿を初め種々の売買物を持出、人たちの多く賑やかに有之由《これあるよし》」といった、のどかなものであったらしいが、都市における御霊信仰のめざましい発達は、天下祭の一大祭礼にそれを変えていった。

浅草の三社祭

浅草の三社祭の場合は、もとの祭日が三月十八日（今は五月十八日）であった。神仏分離以前の浅草神社は浅草寺と一体の関係にあったから、祭の日取りもおのずと観音の縁日である十八日となるが、今でも浅草寺のおもな行事は何でも十八日におこなわれている。また、この三月十八日という日はかの檜前浜成《ひのくまのはまなり》・竹成《たけなり》兄弟が、六二八年（推古天皇三十六年）に宮戸《みやと》川（隅田川のうち浅草寺界隈の呼び名）の川底から網にかかった聖観音菩薩《しょうかんのんぼさつ》像を引き揚げた日とされており、それを寺に祀った土師《はじの》中知《なかとも》と兄弟とを合わせた三人が、神として祀られているのがかつての三社権現、現在の浅草神社である。三社祭は三人の人神を祀る三社権現の祭で、これら人神はこの世に遺恨を残して去ったわけではないものの、人を神に祀っているという点では御霊信仰とも一面で通じるところがあり、神田明神の祭との類似性を指摘することもできる。

三社祭の場合も神田祭と同様、本社神輿は一の宮〜三の宮の基本的に三基であるが、それに付きしたがう各氏子町内の練物屋台が、盛大に行列行進をしていた。それは街中に電柱と電線のないよき時代の祭のあり方でもあった。また、三社祭でもかつては隅田川での神輿の舟渡御がなされており、『東都歳事記』に「神輿三基浅草大通りを浅草御門迄渡し

図13　三　社　祭

まいらせ同所より船にうつし大川筋へ出、花川戸と山の宿より陸へ上りて」と記されている。かつてはこれを船祭礼とも称しており、戦後の一九五八年に浅草寺観音堂が再建された時にも、それが再現されたことがあった。さらに興味深いのは、明治から昭和初期にかけての三社祭には四の宮の神輿もあったということで、本祭の時だけそれを担いだとのことである。一説にはそれは徳川家康を祀る神輿だなどともいわれており、一の宮〜三の宮の神輿は担ぎ方がおとなしいのに対し、四の宮のそれは暴れ神輿で、いったん出御すれば血を見ずにはおさまらないともいわれていた。四の宮の神輿は戦災で焼失してしまったので今はないが、他三基に比べてひときわ大型で重量もあり、腕っぷしの強い血気さかんな若衆のみがそれを担いだ。そういう神輿を担ぐと自然と担ぎ手たちにも暴れ神がとりつき、興奮剤を注入されたかのごとくに覚醒してしまい、しだいに頭に血がのぼっていくのであろう。

そして、その暴れ神こそが荒ぶる御霊神そのものではなかったろうか。それは浜成・竹成・中知の三社権現の公式な三神にともなって、祭の時のみにあらわれる第四の非公式な神であったように思われてならない。暴れ神輿こそは御霊神の神輿の特色であって、容易なことではまつろわぬ祟り神としての、強い個性をあらわしている。その強い憤怒の霊力を媒介にして、あらゆる病魔と災厄とを駆逐することができると、人々は考えてきたのであった。そこで思い出されるのは、武蔵国総社である府中市の大国魂《おおくにたま》神社（近世の六所明神）の大祭として知られる暗闇祭の神輿である。この祭もまた五月の祭で、五日を中心におこなわれてきたが、その当日には八基の神輿が巡行する。ところが八基のうち、一之宮から六之宮および本社の神輿はそろって表鳥居から出御するのに対し、最後の一基のみは別行動を取って裏鳥居から出ていく。この一基の神輿のみは万事に特別扱いでこれだけ赤い神輿紐が巻かれ、他の七基が本殿の両側に並んで安置されるのに、これのみは本殿前中央に置かれる。供物もまた、他はみな神饌《しんせん》一台なのに、これのみは八台分ささげられるのである。これは三社祭の四の宮にあたるものではないであろうか。この特別な神輿を称して、大国魂神社ではずばり御霊宮と呼んでいるのである。

水無月の防疫

浅草富士の山開き

六月一日は富士山の開山日であり、江戸東京にあっても各地の人造富士で、富士講中《こうじゆう》の手による山開きの祭がおこなわれた。人造富士とはすなわち富士塚《ふじづか》のことで、富士山に登拝できない人々のために築かれたミニチュア富士山であり、模擬的な形でおこなう富士登山のための代替施設であった。現在、二三区内には約四〇ヵ所の富士塚が残されているが、既存の古墳や小丘を富士山に見立てて祀られた非人造の富士塚も見られる。都内最古の富士塚は一七九六年（寛政八）に築造された高田富士で、新宿区西早稲田にあったが、早稲田大学の構内拡張で破壊されてしまったので今はない。現存する一番古いものは、渋谷区千駄ヶ谷の鳩森《はとのもり》八幡神社境内にある富士

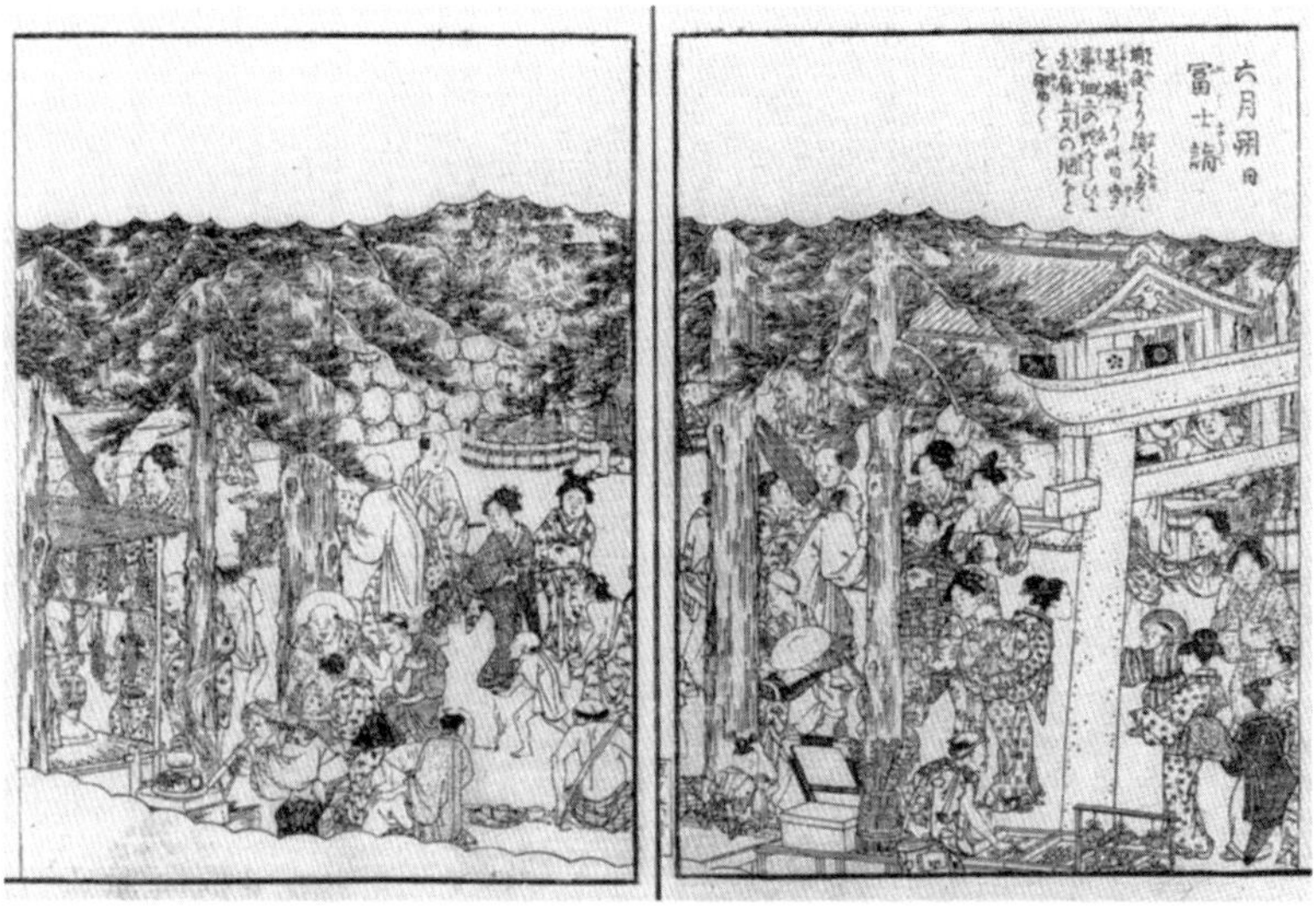

図14　六月朔日富士詣（『江戸名所図会』巻五）

図15　小野照崎神社の富士（下野富士）の開山

図16　富士講中のいでたち（中野十七夜講）

塚で、享保年間（一七一六〜三六）ごろに築かれたものと推定されている。二三区内で、今なお盛大な山開きの祭がおこなわれているのは、台東区の浅草富士・下谷富士、文京区の駒込富士、練馬区の江古田富士などであるが、浅草富士の場合は大規模な植木市が立つことでよく知られ、俗に「お富士さんの植木市」と呼ばれている。

この植木市は、今では六月一日と月遅れの七月一日、さらにはそのそれぞれの前日にもなされていて、都合四日間の市が立つ。祭や縁日の露店をテキヤ仲間の隠語で分類すると、傘や天井をさしかけて物を売る「小物」、組立屋台を出す「三寸」、大道にゴザを敷いて売物を並べる「ころび」、見世物小屋での興行をおこなう「引っ張り」、植木類を並べて売る「ぼく」などがあるが、お富士さんの植木市は「ぼく（木）」ばかりで構成される独特な露店市であった。出店するのは主として埼玉県内の植木屋で、市が終わると売れ残りの植木をセリにかけて処分をし、そのセリ値によって夏場の縁日の植木屋の売値相場が決まったという。現在、この植木市は浅草富士（浅間神社）からやや離れた場所でおこなわれているため、神社と市とが切り離されてしまい、本来それが富士の山開きを祝う祭であったことが忘れ去られてしまっている観がある。しかし、神社の境内の方をのぞいて見ると、富士の開山祭に欠かすことのできない魔除けの麦藁蛇《むぎわらへび》を売る露店も、少し前まではきちんと出ていた。

駒込富士と麦藁蛇

この麦藁蛇というのは麦藁を編んで作った蛇の縁起物であって、ぱっくりと開いた口から赤い舌を垂らした蛇の顔がとてもユーモラスである。都内の富士塚ではどこでも、山開きの日にこれを売る露店が出ていたもので、江戸時代のさまざまな記録にもそのことが記されている。ひとつそれを欲しいという人は、文京区駒込にある駒込富士の開山祭にいってみるのが確実で、今でも社務所の札売場でアルバイトの巫女《みこ》がそれを売っている。駒込富士（富士神社）では、この麦藁蛇のことを厄除神竜《しんりゅう》と呼んでいるが、信徒らはそれを受けてきて、家々の炊事場の流しの上などに吊るしておく。それは水毒を消すためのまじないであって、これから真夏に向かう時季にあたり、飲み水の安全を祈願したわけである。『東都歳事記』にも、「其《その》年七月江府《こうふ》疫癘《えきれい》はやる。時に、この蛇を置たる家、はからずして此《この》憂ひなし」とある。今でも駒込周辺の旧家ではたいていの家々でそれをやっており、台所をのぞかせてもらうと、水道の蛇口に麦藁蛇がくくりつけてあったりしておもしろい。

駒込富士の場合、山開きの祭は今では月遅れの七月一日を中心におこなわれているが、たくさんの露店が境内を埋め尽くして、じつににぎやかである。それは江戸時代にあってもまったく同じであったが、当時の開山祭には不思議なならわしがあったようで、『塵塚《ちりづか》談《だん》』という資料を見ると、「俗間の童子等参詣には皆髪をあらひ、油元結《もつとい》を不用《もちいず》ちらし髪にして詣でしが多かりし。近年右体の童さらに見へず」などと記されている。つまりこの日に参詣する子供らが、洗い髪・ざんばら髪のままの姿でやってくるという奇習が見られたというのであるが、それは水垢離《みずごり》の精進潔斎《しょうじんけっさい》の姿をあらわしたものであったと思われる。さらに『絵本江戸風俗往来』によると、富士の山開きの日であるこの六月一日、「早朝より、町々家並み残らず軒下へ線香を点じけるは、富士浅間へ奉るとかや」とあり、江戸中の家々の軒先で、線香をともす習慣があったという。しかし、その線香ははたして本当に神仏に手向けたものであったろうか。それは線香をささげての祈りというよりも、その煙をいぶして心身や住まいを修祓《しゅうばつ》することに意味があったと、やはり考えざるを得ないのである。埼玉県には、六月一日に麦藁などを燃やし、その煙を浴びて無病息災祈願をするまじないが広くおこなわれており、俗にケツアブリなどと呼ばれているが、まったく同じことである。

富士開山にかかわるさまざまなならわしの中には、このように古風な六月一日の行事習俗がよく残されており、それが各地の富士塚での祭の中にもあらわれている。麦藁蛇の魔除けと精進潔斎、線香の煙いぶしの習俗は、盛夏を迎えるにあたっていよいよその脅威を増すところの病魔・疫癘を払うためになされるものであって、それがこの六月という時季における儀礼行事の、もっとも主要な目的であった。下町の旧家の間で、正月の懸鯛《かけだい》（二尾一対の塩鯛）を台所のカマドの上に吊るしておき、それを六月一日に食べると疫病にならないなどと伝えられてきたことも、もちろんそれに通じる習俗であった。

土用と鰻の蒲焼

高温多湿で人口密度が高く、人の出入りも多いという都市環境の中で、夏場の衛生条件の悪化は、まったく今の世の中の感覚からは想像しえないほど、時に深刻なものであった。病原性大腸菌O－157が江戸時代に存在したならば、一体どれほどの犠牲者が出たことであったろうか。幕末や明治期におけるコロリ（コレラ）・赤痢・ペストの大流行の惨事を、今また思い起こしてみればよい。人口が多く、しかも密集居住しているという条件は、ただそれだけで自然災害や流行病に対する膨大な潜在的リスクをかかえているということである。物の腐りやすい季節、飲料水の汚染が発生しやすい季節を迎えて、いよいよその危険度が高まるからこそ、それへの対抗手段としての儀礼的防御のニーズもまた高まる。「除疫の六月」を象徴する防疫と修祓の行事は、さらにほかにもいろいろ見られる。

たとえば土用の行事であるが、今日では丑の日に鰻《うなぎ》を食べるということばかりが強調されてきているが、夏バテ防止のために蒲焼を食べてスタミナをつける、といった解釈そのものは民俗学的に見ても別段誤りではない。多摩地方ではドジョウやシジミなどをよくこの日に食べ、またゲンノショウコ・ドクダミ・センブリなどの薬草を土用中に干すと薬効が倍加するといわれていた。梅干しの土用干しもまた同様で、弁当や握り飯に入れておけば飯が腐らないとされる梅干しの毒消し効果は、土用中の強い日差しの中で乾燥させてこそ、そこに形成される。要するに身体の滋養と健康増進とをはかり、疫病の流行期を前にしてそれに負けぬ身体を作って精力を補うということが、土用の行事のひとつの目的なのである。とはいえ、都市社会での食生活のいわば洗練の結果として、土用はやはりドジョウよりも鰻なのであって、その鰻という魚の食べ方も蒲焼以外にはほとんど考えられないほど、調理法は定まっていた。蒲焼にはタレが不可欠で、その味はまったく江戸っ子好みの甘辛味であった。

下町の江戸っ子のもっとも好んだ料理の味付けとは、「甘辛くて濃厚」ということであり、豊かな都市社会であったればこそふんだんに用いることのできた、醤油・砂糖・酒・味醂《みりん》などの調味料によって、その味は形成されている。寿司屋の煮切りや下町の佃煮《つくだに》、ねぎま鍋や深川鍋、文明開化のころの牛鍋の味を想像してみればよい。それこそが江戸っ子の好みなのであって、上方の薄味とはまったく対照的である。江戸東京でなぜ鰻の蒲焼がこれほどもてはやされてきたか、多くの説明は要しないであろう。さらにまた、荒川水系を中心に良質の鰻が多く採れ、都心部に供給されてきたことも重要な条件である。斎藤彦麿の『神代余波』には、「大江戸にては早くより天下無双の美味となりしは水土よろしき故に最上の鰻出来て三大都会に勝れたる調理人群居すれば一天四海に比類あるべからず」とまで述べられている。

滝浴びとホウロク灸

炎暑と疫癘の季節を前に心身を強化し、身の穢れを払って病気よけをあらかじめ祈願するという、夏の土用の本来の目的からするならば、丑の日に鰻を食べる習慣は、あくまでもそのひとつの要素にすぎない。かつての土用にはそのほかにも、いろいろなことがおこなわれていた。たとえば、滝浴び・水浴びなどの禊ぎがそれで、土用丑の日に川水・滝水を浴びれば病難をまぬがれるといわれていた。今の北区滝野川の正受院の境内にかつてあった、王子滝不動尊の滝の水に打たれにいく人々が、江戸時代には多く見られた。関西でいえば、京都下加茂の糺《ただす》川の川水を浴びにいく人々が、やはりこの日に群集した。温泉地での丑湯の習俗、沿海部での丑浜の習俗もまったく同じであって、土用丑の日に温泉や海水を身に浴びると無病息災といわれていた。江戸の湯屋では三月節供と同様、この日にも桃葉湯のサービスがなされたし、先の駒込富士の山開き祭に、子供らが洗い髪・ざんばら髪のままの姿で参詣したということも、その儀礼的な目的はこの滝浴び・水浴びの禊ぎに通じるものがあったものと思われる。

その意味では六月一日の煙いぶしの病魔祓いの要素もまた、土用丑の日の習俗の中に、確かに継承されてきている。それは日蓮宗系の寺院でよくおこなわれている、土用のホウロク灸《きゆう》の加持祈禱《かじきとう》である。これは寺の本堂に大勢の参詣者を集めてすわらせ、一人一人の頭上にホウロクをかぶせてその上にモグサを乗せ、火をつけて間接的な灸治をおこなうというもので、けたたましく打ち鳴らされる僧侶の木剣加持の読経の間中、ホウロクを通じてジリジリと伝わってくる灸の熱が脳天のツボを刺激し、その熱さに耐えることによって体中の病魔を追い出すことができるという。一種の我慢大会のようなものであるが、その真の意味はモグサの煙によって身体中をいぶすことにあったと思われ、煙の力で身体中の病魔や穢れをいぶり出したのであろう。

土用丑の日のホウロク灸がおこなわれる寺としては、渋谷区神宮前の妙円寺、品川区北品川の一心寺、新宿区西早稲田の本松寺、板橋区赤塚の梶山不動（成田山大教会）、台東区

図17　一心寺のホウロク灸

谷中の躰仙院《たいせんいん》などが有名で、とくに妙円寺・一心寺などでは今でも毎年、盛大にその祈禱法会がなされている。

天王祭と神輿巡行

さて水無月《みなづき》の除疫の祭として、もっとも重要かつ盛大であったのは、いうまでもなく六月十五日の天王祭である。ここでいう天王とは牛《ご》頭《ず》天王であって、いわゆる祇園の神のことであるが、もともと典型的な神仏習合の神で、しかも御霊系の神であった。京都の祇園祭も、かつては祇園御霊会と呼ばれていた。明治の神仏分離の後、この神を素戔嗚命《すさのおのみこと》にあてて神道化をはかり、神社名としても天王社とは名乗れなくなって、八坂神社・須賀神社・八雲神社・素盞雄神社などと改称し、今に至っている例がよく見られる。しかし、そこに祀られている神はまちがいなく牛頭天王なのであって、地元の氏子は親しみを込めて、いまだにそれを天王様と俗称していることが多い。それを祀る祭が天王祭で、年間最大の除疫・防疫を祈るための祭であったといってよい。江戸や京都での、その大規模な一大祭礼に見るがごとく、都市の祭礼は夏の御霊祭における防疫祈願に最大の重点が置かれており、農村部の秋祭とはそもそもその意味や目的を異にしていた。

六月における江戸の天王祭のおおよそのスケジュールは、次のようになっていた。まず

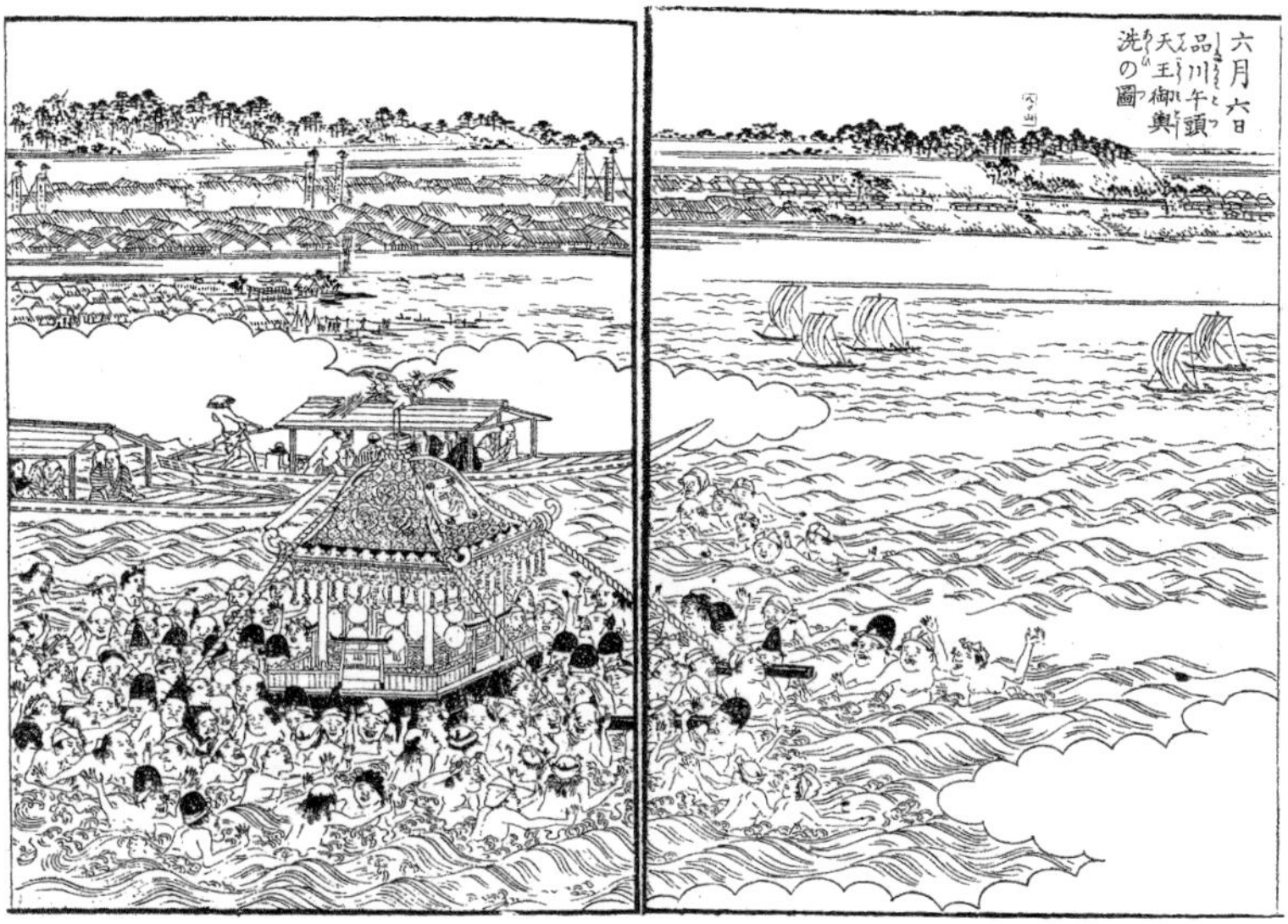

図18　六月六日品川牛頭天王御輿洗の図（『江戸名所図会』巻二）

その皮切りは、三日から始まる小塚原天王社（現在の荒川区南千住の素盞雄神社）の祭礼で、差し振り・こて返しといって激しく神輿《みこし》を左右に揺する担ぎ方が有名で、今でもそのならわしが続けられているが、それのために本社神輿には横棒がなく、二天棒だけで担ぐことになっている。天王社の神輿は概して荒々しい渡御をおこなうもので、荒ぶる御霊神のパワーをそのまま表現しているかのようである。神田明神の境内には、祇園三社と呼ばれる三社の天王社が鎮座しているが、それぞれの祭礼も六月上旬にいっせいに始まる。一ノ宮の南伝馬町天王社（今の江戸神社）は七〜十四日、二ノ宮の大伝馬町天王社（今の八雲神社）は五〜八日、三ノ宮の小舟町天王社（今の八雲神社）は十〜十三日に、盛大な神輿の巡行をおこない、いずれの神輿行列にも神剣・獅子頭が先頭に立って神輿を先導した。剣や獅子には、もちろん病魔や災いごとを追い払う霊力が込められていると考えられていた。

七日からは品川宿のふたつの天王社、すなわち北品川天王社（今の品川神社）と南品川天王社（今の荏原神社）とが十九日までのじつに一三日間、連日の神輿巡行をおこなった。神輿には恐ろしい表情の神面が取り付けられ、獅子頭と同様に魔を払う面と考えられていたが、南品川天王社ではその面を若者らが担いで海に入る海上渡御もなされたので、俗にカッパ祭などとも呼ばれている。神面はその後、氏子の家々を一軒ずつ回され、念入りに修祓がなされたのである。

牛頭天王の笹団子

一方、六月八日には蔵前天王社の祭礼もおこなわれていたが、ここの祭には笹団子詣でという風変わりな習俗が見られた。蔵前天王社は蔵前牛頭天王社ともいい、今日の浅草橋の須賀神社のことであるが、地元では今でも団子天王様と称しており、それはその笹団子詣でから来ている。それはどういう習俗であったかというと、氏子たちが笹竹に自分の歳の数だけ団子を刺し、繭玉《まゆだま》飾りのようにしたものを持ち寄って神前に奉納し、疫病よけの祈願をするというもので、神社ではその団子をまいて信徒に拾わせたりしたともいう。また、笹団子を納めに来た参拝者に見物人たちが群がり、競って枝先の団子の取り合いをしたともいい、『十方庵遊歴雑記《じっぽうあんゆうれきざっき》』によれば「男女群立つ侍請て、途中にて狼藉《ろうぜき》にも我勝に奪取、一切の天行病ひを請ざる呪ひとす。又奪ひとられし人も吉例として更に怒りののしることとなし」というありさまであった。

笹団子を納めに来た参拝者は、こうして群衆にもみくちゃにされたあげく、団子を全部奪い取られてしまうのであるが、別段怒るわけでもなく、かえって縁起がよいといい、誰も取ってくれないと病人が快気しないともされていた。戦時中の空襲で社殿が焼失してしまってからは、一時この祭習俗も中断していたが、現在では神社の方から三～四個の小さな団子を笹竹につけたものを、氏子の家々に配っている。氏子家ではそれを神棚に納めておき、家族が病気をした時に煎じて飲ませたという。牛頭天王の笹団子はこのように、疫病よけ・病気平癒の効力を発揮したのであるが、そのことはじつは他の天王祭にも見られたことである。たとえば、先に触れた南千住の小塚原天王社（素盞雄神社）の祭礼にあっても、神輿行列の後尾には大きな笹団子飾りがついていくのがならわしで、氏子らは渡御の終わりを待ちかまえていて、神輿の宮入りを合図にそれに殺到し、みなでその団子をひきちぎって取り合いをしたという。さすがに現在では混乱を避けて、神社側で一個ずつそれを信徒に分けている。

江戸川区江戸川の八雲神社も、かつては牛頭天王を祀る天王社であったが、今でも祭礼時には氏子家へ笹枝に刺した団子の神符《しんぷ》が配られ、それを食べると万病が治るといい、その笹の葉を煎じて飲んでもよいといわれている。このように天王祭の笹団子は、疫病よけのまじないに用いられてきたのであったが、考えてみれば京都八坂神社の祇園祭にあっても、魔除けの笹粽《ささちまき》を欠かすことができないし、全国各地の夏祭を見ても儀礼食・供物としての笹粽・笹団子を作る事例は数多く存在する。いかにも東都にふさわしい祭騒ぎの要素をともないながら、その伝統は江戸東京においても確かに伝えられてきたのである。

水無月の祭礼

天王祭の本来の祭日は六月十五日であったが、江戸東京の場合、たくさんの天王社が祀られていたため、互いに祭の日が重なり合うことを避けたせいか、実際の祭の日取りはさまざまであった。六月中をかけて、あちこちの天王神輿が入れ替わり立ち替わりで、連日のように巡行をおこなったので、この六月という月はさぞかしにぎやかで騒々しい月であったにちがいない。往時ほどではないにせよ、現在でもそうした雰囲気は、基本的には変わっていない。

ところで、その六月十五日という日は、じつは神田明神と並ぶもう一方の天下祭である永田町山王権現（現在の日枝《ひえ》神社）の祭礼、すなわち山王祭のおこなわれる日でもあった。三浦浄心《じようしん》の『慶長見聞集』によれば、江戸城の御城下の日本橋川より北東側は神田明神の、南西側は山王権現の氏子となっていたといい、江戸の住民はふたつの総鎮守に分属させられていたことになる。『紫の一本』に「天下の御生産神《おんうぶすながみ》なれば、公儀の御祭ゆへ江戸中うごくなり。永田馬場より麹《こうじ》町御門へ入り、松原小路より竹橋の御門へ出る。爰《ここ》を御《お》櫓《やぐら》にて上覧あるなり」とあるように、山王の祭礼行列は神田祭と同様、一部江戸城内への巡行と将軍の上覧とを許されていた。天下祭は神田明神と山王権現とで、一年おきの毎年交替制でなされており、どちらも多くの飾り屋台・山車の行列がそのクライマックスを飾

図19　六月十五日山王祭（『江戸名所図会』巻一）

った。『江戸雀』や『増補江戸咄《ばなし》』にはとくに山王祭について、「江戸中の大神事として、諸大名衆大かた産土神《うぶすながみ》にておわしませば、おろかならず」とあるように、神田祭の下町風に対してこちらはいわば山の手風の雰囲気を、どことなくただよわせていた祭だったようである。

下町の荒っぽい神輿の渡御とはちがい、また公的な性格も帯びて格式と品格のそなわった祭であったとはいえ、この山王祭もまた水無月中旬の都市の祭であって、今まで述べてきた天王祭と同じ意味を持っていたことに、もちろん変わりはない。少なくとも江戸の住民たちは、それを夏の除疫・防疫祈願の祭として位置づけ、都市特有の水無月の一連の祭礼のもうひとつとして受けとめてきたのである。

秋

文月の霊祭

朝顔市とホオズキ市

季節は秋となるが、旧暦時代の秋は文月《ふづき》、七月から始まった。今の季節感からすればいよいよこれからが真夏であって、現在の東京の夏は七月上旬のふたつの季節市、すなわち入谷の朝顔市と浅草のホオズキ市から始まる。それらはいずれも、この東都への夏のおとずれを告げる風物詩として親しまれているが、じつをいえばその歴史は意外に新しい。

たとえば、今では七月六〜八日におこなわれる朝顔市の場合、「恐れ入谷の鬼子母神《きしもじん》」で知られる入谷の真源寺《しんげんじ》を中心に、鉢植えの朝顔を売る露店が立ち並ぶが、もとはこのあたりの植木屋が手塩にかけて育てた朝顔を、陳列して人に見せていた。それを売るように

図20　入谷の朝顔市

図21　浅草寺のホオズキ市

なったのは明治初期からのことで、大正時代にはそれも廃れてしまい、現在のような形になって復活したのは戦後の一九五〇年のことである。浅草のホオズキ市の場合は、浅草寺で四万六千日法会《しまんろくせんにちほうえ》がおこなわれる七月九〜十日に、境内でやはり鉢植えのホオズキが売られている。今ではそのほとんどが丹波ホオズキとなっているが、かつては千成りホオズキが主であり、江戸時代にはそれもなくて、もっぱら赤いトウモロコシが売られていた。赤トウモロコシは、それを天井に祀っておくと雷よけになると信じられており、『守貞漫稿《もりさだまんこう》』にも「文化季以来境内に於て専《もっぱ》ら赤色の玉蜀黍《とうもろこし》を世俗買之《これをかい》て、天井に挟ば雷を免《まぬがる》の呪《まじない》と云」とある。今でもこの日、浅草寺からは三角形をした独特の雷除守の札が授与されているが、かつての落雷よけの祈願の風が残されている。下町の旧家では、今なおそれを鴨居などにはさんで祀っている家が多く見られ、三角頭の守札が避雷針の代わりになるなどといっている。

浅草の四万六千日の門前市は、もとはホオズキ市ではなくトウモロコシ市であったことがわかるが、それも始まりは文化年間（一八〇四〜一八）ごろのことで、さらにそれ以前は茶筅《ちゃせん》が売られていたともいう。ホオズキ市そのものの歴史は、港区芝の愛宕《あたご》神社でおこなわれていた千日参り（江戸時代にはやはり四万六千日参りと呼んでいた）の市の方が古く、古い文献にも記されているのに対し、浅草の方はまったく江戸期の記録に登場しないから、おそらく愛宕神社のそれにならって明治期に始められたものであったろう。また、当時のホオズキ市のホオズキは鑑賞用ではなくして、もっぱら青いものを薬用として用いていた。雷よけの赤トウモロコシといい、病気よけの青ホオズキといい、初夏の除災・除疫の祭のテーマが文月に至ってもなお、引きずられているようにも思える。

七夕行事と竹飾り

七月七日の七夕もまた、やはりこの時季におこなわれる家ごとの祭であったが、どこの家でも笹竹を立ててその装飾を競ったといい、広重の「名所江戸百景」にも空一杯に七夕竹の林立する江戸の町が描かれていて、じつにはなやかなものであったらしい。現代の商店街の七夕祭は、たとえば杉並区の阿佐ヶ谷のそれなどが有名で、客寄せのイベントであるために、仙台や平塚なみの派手なデコレーションを競っている。しかし江戸時代のそれは、一般の家々から武家屋敷に至るまでことごとく笹飾りをおこなうのであったから、まさに町全体がカラフルな竹林と化すわけで、スケールのうえでは商店街の七夕をしのぐものがあったにちがいない。

当時はこの時季になると、呼売りの笹竹屋が町にやってきていたが、明治生まれの下町の古老らが語るには、当時は外神田の旅籠町《はたごちょう》で七夕竹を買ってきたといい、七夕が終わればそれを神田川に流したそうである。『江戸風俗惣まくり』には、「七夕にささぐるとて短冊を笹竹にむすび軒《のき》高ふ出せるを、文政の末、天保の頃其《その》始めは紙の網、鬼灯《ほおずき》なんどむすびさげしを、樽盃《たるさかずき》のみか人形迄もはりぬきて、さまざまのものつなぎ、我おとらじと作るにぞ」とある。ここにあるように七夕竹の枝先に吊るす飾り物は、主として紙を刻んだ網、ホオズキの串刺し、樽・盃・人形をかたどったものなどであったが、張りぼてで作った西瓜《すいか》、算盤《そろばん》と大福帳、硯《すずり》や筆、吹き流しなども欠かすことができない。武家では竹に小袖をかけて飾ったともいうが、それは紙の着物を枝先に吊るすという地方習俗にも通ずる。

民俗学のうえでは、この七夕という行事は一般に水神を祀る祭であるとか、盆の準備行事であるとかいわれている。なるほど確かに、水にまつわる習俗が七夕の行事にはよく見られ、井戸さらえなども必ずこの日になされていて、たとえば江東区大島のあたりの家々でも、近年までこの日に井戸の水を汲み出して、井戸端を洗い清める風が守られていた。しかしそれは水神祭祀というよりも、本来この日になされるべき禊ぎ祓いの風を伝えるものであったかもしれない。また、この日に家の外に竹を飾るのは、その竹を屋外に立てるということに意味があり、それは浮遊せる精霊の類を招き寄せるための依代《よりしろ》であって、枝先に吊るすさまざまな装飾は、商家が繁盛を祈って吊るす大福帳や算盤は別として、西瓜やホオズキなどに関してはそれらへの供物と解するべきではないであろうか。紙の着物はもちろん、精霊たちにささげられた衣類であったろう。

牽牛《けんぎゅう》と織女《おりひめ》の物語や中国の乞巧奠《きっこうでん》についての知識と信仰とにもとづきながら、江戸東京の庶民たちが七夕をおこなっていたとはやはり思われず、むしろ彼らはこの日に空高く青竹を立てて、屋外に浮遊する数多くの名もなき精《しょう》霊《りょう》たちに供物のほどこしをおこない、それらの身に帯びた穢れや災厄が振りかかるのを祓おうとしたのであろう。

魂祭と精霊祭祀

旧暦七月とはそうした浮遊霊が頻繁にやってくる月なのであるが、それは文月が盆月でもあったからである。盆は七月のもっとも重要な家々の祭であって、文月は魂祭《たままつり》の月である。いうまでもなく、盆は先祖霊を家々に迎え入れて祀り、送り出すという行事であるが、これぞ絶好の機会とばかりにそのおこぼれにあずかろうと、無数の外精霊《ほかしょうりょう》・無縁霊《むえんれい》・御霊《ごりょう》の類が先祖霊にともなって、家々にやってくるとも考えられていた。正月行事の場合もまったくそうであったが、歳神にせよ先祖霊にせよ、メインゲストのあるところ、必ずそれについてくる招かれざる客の訪問にも備えなければならない。それらの双方を、ともにそれなりに歓待してやるというところに、盆行事のバランス感覚が存在する。

寺院でいえば盂蘭盆会《うらぼんえ》の法要は檀徒の先祖霊の祭祀、その前後になされる大施餓鬼会《せがきえ》の法要は浮遊霊の祭祀のためになされるものである。前者の場合、僧侶は本尊に向かって読経をするが、後者の場合は逆に須弥壇《しゅみだん》に背を向け、堂の外に向かって読経をおこなう。そこに両者の厳然たる区別と、まったく対照的な接し方とが示されている。大施餓鬼の祭壇である施餓鬼棚は本堂の入口前縁に設けられ、そこに餓鬼飯が盛られる。餓鬼という言葉を嫌い、最近一部の宗旨で施餓鬼会を施食会《せじきえ》などといいかえてはいるが、もともとそれが餓鬼精霊へのほどこしのための儀礼であったことに変わりはない。七夕行事もまた、本来そのような性格を帯びた祭であって、その意味での盆の準備行事といえるのである。盆月に入り、いよいよ餓鬼精霊のうろつき出す時季となったので、盆を迎えるにあたり、あらかじめ彼らへのほどこしをやっておこうということであったのかもしれない。

それはともかくとして、七月に入るとそうした目的を帯びた寺院の祭もさまざまにおこなわれるようになっていく。たとえば川施餓鬼・川供養の野外法会などもそれで、隅田川の花火のところでもすでに少々触れておいたが、盆月にも各寺院ごとにさかんにそれがなされていた。明治時代には、小石川の善光寺や深川の永代寺などが主催して、日清・日露戦争の戦没者や、一八〇七年（文化四）の永代橋落下事故の溺死者を供養するための川施餓鬼がたびたび挙行されており、川べりに祭壇を設けて供養をおこなったのみならず、何隻もの船を仕立てて僧侶が読経をし、塔婆を川に流しながら鳴り物入りで盛大に隅田川を下った。戦死者や事故・水難の犠牲者の霊は、なかなかに浮かばれることのないさまよえる精霊・御霊となるので、手厚い供養が求められたのである。現在、江東区の小名木《おなぎ》川で深川仏教会の手でなされている川施餓鬼の船上供養や、千代田区の皇居千鳥ヶ淵でおこなわれている送り盆の灯籠《とうろう》流し、さらには北区の梅王寺《ばいおうじ》が荒川で、さらには杉並区の妙法寺が善福寺川でおこなっている川施餓鬼の灯籠流しなども、始まりは新しいが、もちろんそうした行事である。

家々の盆棚

さて七月の中旬には家々での魂祭である盆がおこなわれ、十三日が迎え盆、十五日（所によっては十六日）が送り盆の日となっている。九段の靖国神社の「みたま祭」もこの三日間に開催されるが、それは神道版の盆祭であって、戦没者の霊もまたこの時に帰ってくるということになる。東京都内の盆はどこでもまずたいていは新暦盆で、七月中旬におこなわれるのが普通であるが、地方出身者は月遅れの八月中旬が郷里の盆で、そのころには帰省ラッシュの「民族の大移動」が始まり、今は昔ほどではないが東京駅・上野駅・羽田空港が非常に混雑して、新幹線も国内線も満員状態となる。今も昔も、盆は日本人にとって大切な行事であり続けており、なぜこの三日間を国民の休日にしないのかと思うほどである。

盆には家々の先祖霊が帰ってくるので、それを祀るための祭壇である盆棚を設けなければならないが、都心部の中央区や港区あたりでさえ、じつに古風な盆棚をいまだに毎年飾っている昔かたぎの家々もあって、非常に驚かされる。低い机に白布をかぶせ、マコモの盆ゴザ（精霊薦《こも》）を敷いて前に垂らし、杉葉と青竹で組んだ籬垣《ませがき》でそれを囲い、四隅には青竹を立て、チガヤの縄をその間に張りめぐらせ、その縄目にはホオズキの実や柿・栗の葉をはさみつつ素麵《そうめん》を垂らし、棚上には先祖代々の位牌・香炉・灯明・膳椀・盆花《ぼんばな》などが並べられる。盆花は金紙の蓮華の造花と生花とが欠かせず、生花は洋風なものを避けて地味なものがよい。花瓶にはミソハギと青ホオズキも飾られるが、先に触れた浅草のホオズキ市で求めてきたそれを挿すことも多い。よく見ると柿や栗の青葉・ガマの穂・エノコログサ（いわゆるネコジャラシ）・榧《かや》の実・ススキの若穂なども混じっていて、何だかその辺の路傍の草をそのまま採ってきて挿したような印象を受けるが、それが古くからのやり方であるという。

さらに盆棚上の位牌の両脇には、ガマの穂が一本ずつ立てかけられているが、俗にこれを「槍んぼ」といい、盆棚の門番の持つ槍だとか、仏の杖だとかいっている。ナスやキュウリに割り箸の脚を刺した牛馬を作って飾るのも一般的であるが、御先祖様がそれに乗ってこの世に帰ってくるという。しかし、これも本式にはナスやキュウリではなくして、マコモの葉を編んで作った小さな牛と馬、もしくは雌雄一対の馬を飾るものだとし、きちんとそのとおりにやっている家々も少なくない。

これらの大変に手の込んだ盆棚の装飾や供物は、当然自分の手で作ったり調達したりできるものではない。そもそも東京の都心部でマコモやミソハギが採れるはずもない。マコモの馬も盆ゴザも、籬垣も盆花も槍んぼのガマの穂も、じつはみな買ってくるものなのであり、それらの盆用品を売るための市が盆のころに立った。それが草市《くさいち》なのである。

草市と精霊迎え

中央区の人形町や月島西仲通り、台東区の浅草田原町などでは、現在でも迎え盆の前日である七月十二日に草市が立つ。さすがに今となっては市も細々したもので、それぞれ数軒の露店が出る程度であるとはいえ、そこではマコモで編んだ盆ゴザや牛馬、チガヤの縄とオガラ、籬垣と笹竹、槍んぼのガマの穂、ホオズキ・ミソハギ・蓮の葉・盆花類などが売られている。それらを買い求めて昔通りの盆棚を飾る家々が今もあるからこそ、市は廃れないわけで、それぞれの露店は得意先との間に何

図22　盆市（『東都歳事記』巻三）

図23　中央区人形町の草市

代にもわたる付き合い関係を持っている。彼らの多くは、江戸川区内の庭師（造園業者・植木商）である。

歴史的に見れば享和年間（一八〇一〜〇四）ころの草市は、おもに迎え盆の当日である十三日朝におこなわれており、一八〇三年（享和三）の資料によれば、浅草駒形・門跡前・茅町、筋違《すじちがい》広小路、麴町、両国広小路、日本橋南北、人形町、深川森下町、本所中之郷などに市が立ったが、新吉原の遊廓内仲ノ町と深川櫓下の二ヵ所のみは、どういうわけか十二日の夜市であった。幕末のころには市の立つ場所が二倍くらいに増え、順次十二日の市が中心となって、維新後には十三日の市がほとんどなくなってしまった。かくして現在のように、十二日の市がもっぱらになってしまったのであるが、本来それは十三日の朝市でなければならなかったことであろう。

「草市ではかなきものを値切つめ」とか「草市みなまぼろしの物ばかり」とかの川柳にあるように、草市の売物は取るに足らぬものばかりで、田舎にいけばどこにでも生えているただ同然の草々や木の枝ばかりで、とくに盆花などはまさにそうであるが、それらにあまり身近でない都市生活者が商売相手であるからこそ、ありふれたネコジャラシも柿の枝葉もガマの穂さえも、一定の価値を帯びてくる。それらの草花は精霊の棲まう野の象徴であって、それらとともにその精霊たちを野から迎えてきたのであろう。草市にいって野の草花を求めてくることには、そうした意味が込められていたのであるから、市の立つ日はぜひとも迎え盆の当日でなければならなかった。また、その草花はもともと精霊たちにささげられた盆花でもあったので、ことさらにあでやかな作り花である必要はなく、質素で地味な雑草の類でよかったのである。先祖霊にささげられる造花の蓮華とは対照的に、それは粗末の観のある野の花であった。盆のメインゲストとその追随者に対する接待の区別のバランス感覚は、ここにもあらわれている。

迎え盆と送り盆

かくして七月十三日の夕刻となり、迎え盆の宵闇せまるころ、家々の戸口では迎え火が焚かれる。土器のホウロクを地に置き、その上で折ったオガラを燃やすというのが江戸東京の迎え火の焚き方である。この時季になると雑貨屋や八百屋の店先で、今でもホウロクやオガラがよく売られている。火や灯を媒介にして先祖霊を家に迎えようとする行為は、提灯《ちょうちん》の火とともに墓参りから帰ってくることとも同じである。家々の軒先に吊るされた盆灯籠・盆提灯も精霊を招き寄せるための目印であって、盆月の一ヵ月間、毎夜その灯をともし続けるならわしも古くは見られた。江戸時代には新吉原の盆灯籠というのがことに有名で、遊廓内仲ノ町の通りの両側にずらりと飾り灯籠が並べられたが、中万字屋の名妓玉菊の三回忌追善供養のためになされたのが、その始まりだなどともいわれていた。青山百人町組屋敷でも軒並みの高灯籠が連夜ともされ、青山の星灯籠・蛍灯籠などと呼ばれていた。もっとも大規模にそれがおこなわれたのは、両国の盆灯籠であろう。七月上旬から九月上旬に至るまでの二ヵ月間にわたり、両国橋～浅草橋間の隅田川両岸に、さまざまな趣向をこらした灯籠が点灯されたというが、町方有志の負担でそれがなされていたのである。

三日間の盆が終わると、十五日夕刻の送り盆となる。十六日の朝に送る家もかつてはよく見られた。送り火の焚き方は迎え火と同じで、先祖霊も諸精霊も火とともに迎えられ、そして送られていく。川面を下っていく灯籠流しの火もまたそれである。盆が終われば盆棚も片づけられ、笹竹や供物類を神田川や隅田川に流し送ることも見られた。しかし、江戸中の家々がそれを川に流したならば大変なことになってしまうし、もちろん今日では河川への廃棄物の不法投棄が許されていない。そこで活躍するのが「お迎え屋」で、いわば不要となった盆用品・供物類の処理業者であったが、「お迎えー、お迎えー」の呼び声とともに、家々を回ってそれらを引き取っていった。彼らはその際に、家々から何がしか手数料を受け取って引き取った物を処理しつつ、使えるものは再利用をしたのである。集めたナスやキュウリの牛馬や供物の野菜類を刻んで漬物にし、売り出したのが福神漬けの始まりだなどという話もある。昭和の時代に入ってもお迎え屋はさかんに来ており、中央区の日本橋や新川、港区の赤坂、墨田区の業平《なりひら》あたりの古老が語るのには、農村部の人々が副業としてそれをやっていたといい、天秤棒にザルを下げた姿で「お迎えー、お迎えー」と声を出しながら家々を回っていったという。家々にとって盆を送ることは、彼らにとっては迎えることであった。

盆唄と盆踊り

盆月朔日さらには十六日の藪入りの日を、地獄の釜《かま》の蓋《ふた》の開く日とする伝承は全国的に見られ、地獄の亡者たちも許されて年に一度は娑婆《しゃば》へ帰ることができ、いっせいにこの世にやってくるといわれている。江戸においても『慶長見聞集』に、「七月十四日の暮には、地ごくの罪人どもが罪ゆるされ、しやばへ来り、親類、えんるいどものもてなしにあひ、よろこびあへる事治定《じじょう》なり」などと述べられている。ここでいう地獄の亡者・罪人たちというのは、もちろん餓鬼精霊・浮遊霊・御霊の類をいっているわけで、それゆえ盆月の一ヵ月間は、巷《ちまた》のそこかしこに彼らがうろついている時なのである。

その精霊の群舞の姿を、まさにそのまま表現したものが、子供らによるボンボンの習俗であったろう。ボンボンとは、町々の男女十歳以下の子供たちが、盆中に提灯を持って集団で連れ立ち、往来の真ん中を誰はばかることなく大声で盆唄を歌い踊りながら、にぎやかに行列群行することをいい、かつての江戸の街ではさかんにおこなわれていた。『絵本江戸風俗往来』によれば、その盆唄の文句は「ぼんぼんぼんの十ゥ六日に、おーえんまァさまへ、まいろとしたら、数珠の緒が切れて、なむしゃか如来手でおがむ」といったもので、『守貞漫稿』によればそれは「ぼんぼんぼんは、今日明日ばかり、明日はよーめのしおれ草、しおれた草をやぁぐらへあげて、したから見ればぼけの花、ぼーけのはぁな」というものであったという。ボンボンは小町踊りともいい、各地の都市部で見られたもので、京都では「さあのや」、大坂では「おんごく」と呼ばれていた。

有名な佃島《つくだじま》の盆踊り（いわゆる佃踊り）なども、このボンボンと同じような性格を持っていたもので、いわゆる大念仏などにも通じる貴重な芸能であった。こちらの場合は、子供ではなく年寄りが集団を組み、「ヤァトセエ、ヤァトセエ」の掛け声とともに鉦《かね》を打ち鳴らし、念仏を唱えながら踊り歩いて行列をしたという。敬虔《けいけん》な門徒衆でもあった佃島の住民は、一八五六年（安政三）の暴風雨で築地本願寺が倒壊した際、江戸中を踊り歩きながらその再建費用の勧進をおこなったとも伝えられる。さすがに今では市中の巡回はなされていないが、中央区佃では盆中の三日間、町内の広場に櫓《やぐら》を立てて、今でも盛大な盆踊り大会がおこなわれている。古い盆唄や踊りなども佃島には数多く伝えられており、市中巡回時代の盆踊りの面影は残されている。当時の江戸の人々は、これら町中を乱舞するボンボンや念仏踊りの一団を見て、盆にやってきて町中を徘徊する無数の精霊・御霊たちが、ほどこしを求めて群舞するさまを、そこに感じ取っていたにちがいない。

藪入りと二十六夜待ち

七月の魂祭・精霊祭もこうしてようやく終わるが、盆を送った直後の七月十六日は藪入りの日であった。もちろん藪入りは年に二回あり、正月と盆月の十六日がその日であるが、やはり地獄の釜の蓋の開く日で、主人につかえる立場にある者は、一時とはいえその制約から解き放たれて自由の身に戻れる日であったから、商家や職人家の奉公人・丁稚・小僧・見習いには休暇が出された。彼らは主人から給金や小遣い、時には新しい仕着せの着物や下駄をもらって、じつに晴々とした気分で街へ遊びに出る。半年に一度の休日を楽しむ場所は何といってもまずは浅草の興行街で、六区の通りには羽織のない袷《あわせ》着物に角帯姿の、明治〜大正期でいえば申し合わせたように鳥打帽姿の若い奉公人たちが、黒山の人だかりで群集した。各地の活動大写真（映画）館もまた、満員の大入りとなったが、この日は閻魔《えんま》大王の御賽日《ごさいにち》でもあったので、閻魔を

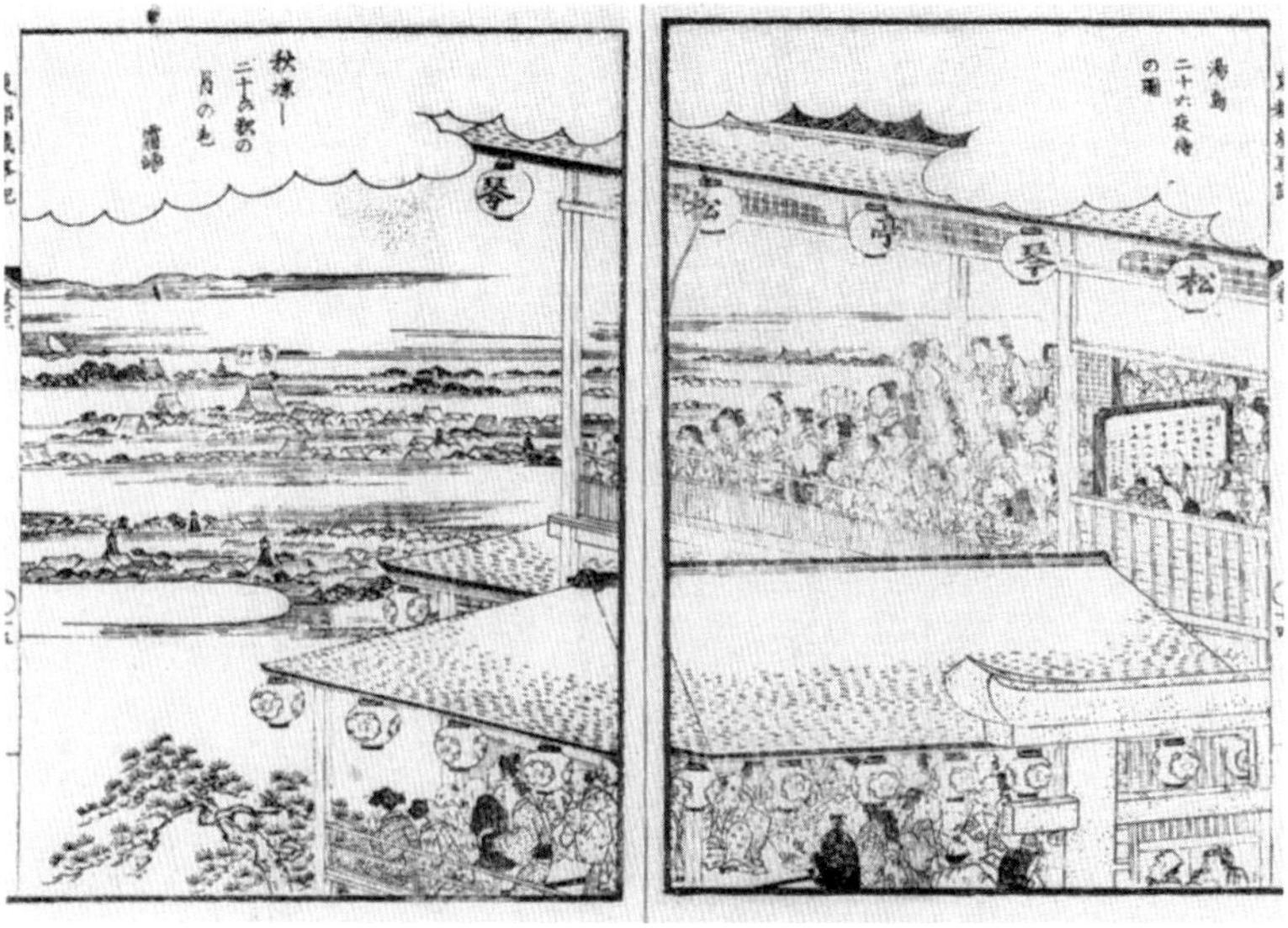

図24　湯島二十六夜待の図（『東都歳事記』巻三）

祀る寺院の門前縁日もまた大繁盛したのである。

江戸東京を代表する閻魔の寺といえば、小石川の源覚寺《げんかくじ》、新宿の太宗寺《たいそうじ》、深川の法乗院《ほうじょういん》、蔵前の長延寺《ちょうえんじ》などが有名であったが、いずれの縁日もおおいににぎわったのは奉公人たちのおかげである。商工業の集積があり、膨大な数の奉公人たちをそこにかかえていたという、都市社会ならではの基礎があったればこそ、閻魔参りはめざましく盛況化したのであって、これもまたきわめて都市的な性格を持つ祭であったといえる。参詣者たちはこの日、閻魔堂にコンニャクをよく奉納したもので、源覚寺や法乗院では近年までさかんにそれがおこなわれていた。そのため源覚寺の閻魔は、俗にコンニャク閻魔と呼ばれている。

その一〇日後の七月二十六日は二十六夜待《にじゅうろくやま》ちの日で、略して六夜待ちともいったが、深夜の八つ時（午前二時ごろ）に空に上る月を遥拝する行事が、これまた江戸時代にはじつにさかんにおこなわれていた。月の出とともに竜灯《りゅうとう》や阿弥陀三尊《あみださんぞん》の姿が空にあらわれるともいって、人々は高台に出てその月を迎えたのであるが、神田明神・湯島天神・目白不動などの境内や、芝高輪八ツ山・深川洲崎・九段坂などの台地上に人々が群集した。とりわけにぎわったのは品川の海辺で、宿場の遊里もおおいに繁盛したというから、ほとんど遊興半分の行事でもあった。神田あたりの江戸っ子たちなどは、昭和になってからもそれを続けており、この夜の月を拝むと後生《ごしよう》がよいといって、明神の境内に夕涼みをかねて集まる風があったが、氷水・菓子・果物などを売る夜店もたくさん出ていたという。

『紫の一本』にも「正月廿六日の夜、七月廿六日の夜、月の曙方に出させ給ふ時、海中より竜灯あがるを、此御門の台にて拝んとて、右の夜には貴賤男女群れ集て、念仏を申題目をとなへ経をよみ、おもひおもひに夜をあかす」とあって、二十六夜待ちはかなり古い時代からおこなわれていた。また、ここにも述べられているように、かつての二十六夜待ちは年に二回、一月二十六日と七月二十六日になされており、先の薮入りと同様に年の前半と後半とでそれぞれ一回ずつおこなわれる、正月と盆月との半年周期の対行事であったことがわかる。薮入りと二十六夜待ちは、正月と盆という二大行事の済んだ後に、ともに設けられていた休息と遊興の機会となっていたようで、それもまた何かしら深い意味が込められたものであったのであろう。

葉月の風流

八朔と白無垢

八朔《はっさく》の八月一日は、江戸の人々にとって特別な日であった。いうまでもなくそれは神君関東御打入りの佳節であって、徳川家康は一五九〇年（天正十八）八月一日に、はじめて江戸に入ったといわれている。この日は、いわば江戸東京の発祥記念日のようなものである。江戸城内ではこれを祝して八朔御祝儀がおこなわれ、白帷子《しろかたびら》に身をかためた諸侯が登城して列席するならわしとなっていた。大奥でもまた、この日は女中たちも御台所も白帷子に付帯《つけおび》姿で、『幕府年中行事歌合』にも「ゆたかなる秋をたのむの祝ひとや袖にも雪の色をみすらん」という八朔参賀の歌が載せられている。ここにいう「たのむの祝」とは、農村部での八朔祝の呼び方で、田面《たのも》・田実《たのみ》の祝とも呼ぶが、いよいよ収穫の秋を迎えるにあたり、田の稲が無事に稔ってくれるよう、神に頼むの意だといわれている。

一方、所かわって新吉原でもこの日、太夫たちが白無垢《しろむく》の小袖《こそで》を着て仲ノ町へ道中をするならわしが守られていた。『新吉原年中行事』にも、「此日中の丁へ出る女郎は、皆々上着まで白無垢を着す、故事なり」と述べられている。元禄のころ、巴屋の名妓高橋が瘧《おこり》病《やまい》をわずらっていたが、約束の八朔紋日《もんび》にやってきた馴染《なじ》みの相手に逢うため、病床の白無垢姿のまま揚屋入りをして人々の感動を誘った、という話が諸書に記されているが、白い着物は病床での物忌みの衣装であった。その時の白無垢姿の高橋は、『新吉原年中行事』によれば「まことに李花の雨をふくめる風情して、ことにきよらなりければ、その日入つどいたる万客、高橋がすがたを感歎せざるはなし」というものであったといい、以来、新吉原ではこれにならって八朔の白小袖のならわしが始まったという。

武家諸侯と新吉原の遊女という、まったく住む世界を異にした人々の間で、八朔の白い着物の習俗が守られてきたのは、なんとも興味深いことである。それは中秋月の節気である白露にちなんだものであろうか。いずれにしても当時の人々にとって、深まりゆく秋は山の紅葉のカラフルな色彩ではなく、清廉な白い色のイメージでとらえられていたらしく、先の「李花の雨をふくめる風情して、ことにきよらなり」という言葉に象徴的である。いかにもそれは、都市的な感性であったようにも思える。

月見と虫聴きの風流

八朔をもって始まるこの八月という月は、旧暦時代には秋のただ中にあった。空も澄み渡り、夏の名残りの暑さも影をひそめて涼しさがよみがえり、さわやかな秋風の吹きぬけるこの「白い秋」には野に七草が咲き乱れ、虫も鳴き始めて、品川沖では秋キスがとれ始める。こうした素晴らしい季節に江戸っ子たちが、家にじっとしているはずはない。『武江遊観志略《ぶこうゆうかんしりやく》』の八月の事宣《ことのべ》に、「近郊四野の花野を訪ふ。是ときや来る雁《かり》あり、帰る燕《つばめ》あり。一年の快事、遊子固《もと》より散歩に遑《いとま》あらず」とあるように、この時季には再び郊外への遊覧がさかんになり、わけても十五夜の名月と秋の虫の鳴き声をめでるための風流な野外宴が、おおいに催された。『武江遊観志略』によれば、江戸の月の名所として「隅田川、綾瀬の辺、真崎の辺、三叉《みつまた》股、深川洲崎、立川《たてかわ》、小奈木《こなぎ》川、鉄砲洲《てつぽうず》、芝浦、高輪、品川、不忍池《しのばずのいけ》、武蔵野、中川、百草村松蓮寺《しようれんじ》」、虫聴きの名所としては「真崎、隅田東岸、王子辺、道灌《どうかん》山、飛鳥山、三河島辺、御茶ノ水、広尾の原、関口、根岸の里、浅草田圃」などがあげられている。

これらの野遊びの名所は春の行楽の時と同様、江戸北郊や隅田川の東岸域、それに湾岸

図25　道灌山聴虫（『江戸名所図会』巻二）

図26　向島百花苑の虫聴き

の海辺を中心とした郊外地域であり、桜や水辺の名所とも重なることが多い。とはいえ、月見の名所の場合、武蔵野や百草村松蓮寺という西郊地域もあげられていて、やはり「武蔵野の月」を除外することはできなかった。雑木林とススキの原野に上る丘陵地域の月の出には格別なものがあったようで、奥行きのある地形的な背景は多摩地方ならではのものであったろう。百草村松蓮寺とは現在の日野市の百草園のことで、松蓮寺跡の庭園は今でも花見や月見の名所であり、江戸時代に多くの風流人がそこをおとずれたことは、東の向島百花苑に匹敵するもので、近代期には北村透谷《とうこく》・徳冨蘆花《ろか》・若山牧水《ぼくすい》らにも愛された。そうした文人墨客の集うような遊観の地や名所スポットは、各地に存在したのである。一方、一般庶民の手軽な観月の宴の場ということになると、隅田川べりや御茶の水、不忍の池といったところであったが、隅田川三又の水上もまた見逃すことはできない。三又とは隅田川の本流が新大橋の下流付近で三つに分かれていた地点をいい、三派・三叉・三股とも書く。夏の夕涼み船や秋の月見船が多く集まる所であった。

次に秋の虫の鳴き声をめでる虫聴きであるが、その名所は山の手の台地上や隅田川東岸地域などの近郊にいくらでもあった。また、少し遠出をして綾瀬や鐘ケ淵あたりまで、わざわざ虫を聴きにいく人々もけっこう多くいたのである。それは春のウグイスの初啼きを楽しむのと似ていて、ついには自分で虫を飼うようになり、市中には竹籠に秋の虫を入れて売り歩く虫屋も多くいたくらいであったから、鳥を飼って鳴かせるのとほとんど同じ感覚であった。今でも趣味でスズムシを飼う人は多く見られるが、当時人気の秋の虫といえば、何といってもマツムシ・スズムシ・クツワムシが御三家で、キリギリス・クサヒバリなども愛好された。一九〇九年（明治四十二）には向島百花苑で「虫放ち会」がおこなわれ、苑内に虫を放って鳴き声を聴くという、なんとも風雅な催しが始められたが、何度かの中断はあったものの「虫聴きの会」と改称されて、今でもそれが続けられている。

百花苑と十五夜

　この向島百花苑という所はまさに江戸の風流趣味の拠点のような所であって、先の多摩の百草園と同じように、やはり多くの文化人たちがそこに集まっていた。大田南畝《なんぽ》・村田春海《はるみ》・大窪詩仏《おおくぼしぶつ》・加藤千蔭《ちかげ》・亀田鵬斎《かめだほうさい》など、その顔ぶれはそうそうたるものであった。彼らと親交を持ち、一八〇四年（文化元）に百花苑を開設した佐原鞠塢《さわらきくう》という人物こそは、江戸随一の風流人といってよいであろう。鞠塢の精神は今でも継承され、百花苑では四季の風流な行事がいろいろと催されている。春には七福神参りがおこなわれ、鞠塢自らが苑内に祀った向島七福神のひとつである福禄寿《ふくろくじゅ》もここにある。春の七草の盛籠《もりかご》も苑内には飾られ、七草粥の振る舞いなどもまた、そのころにはなされている。そして旧暦八月十五日の十五夜の夜には、中秋の名月を楽しむための「月見の会」が催される。苑内に立ち並ぶ雪洞《ぼんぼり》の灯、十五夜のススキと秋の七草をあしらった月への供物の祭壇、「虫聴きの会」のために用意された虫籠の数々、そこから聞こえてくるさわやかな虫の鳴き声、などなどに江戸の人々の愛した風流の世界を感じ取ることができる。そこには江戸の都市文化の生み出した、ひとつの洗練・完成の姿というものがある。

たとえば、洋風の派手な花々を見慣れた現代人の目からすれば、百花苑に咲く純和風の江戸の花々などはあまりにも地味で、面白みに欠けることであろう。しかし、それこそが鞠塢の作り出した世界なのであって、それは郊外への野見の風流を、そこに凝縮・再現させたものである。入谷の朝顔、亀戸梅屋敷の梅、堀切の菖蒲《しょうぶ》、団子坂の菊、本所萩寺（竜眼寺）の宮城野萩などは、いわば花の人工美の極致であって、それもまた一方での洗練と完成のあり方なのであるが、これらに比べれば百花苑の春秋の七草はありのままの野の風情を重んじている。それは人工美に対する自然美の尊重であって、江戸の都市生活者たちがいだいていた野へのあこがれを、そのまま表現したものとも理解できよう。折々の季節に郊外の遊覧に出て、そこから活力を得たり、心身のリフレッシュをはかろうとしたり、いまわしきものをそこに払い送ろうとしたりしたことの精神も、もちろんそこに通じるも

図27　寺島村百花園秋の七草（『東都歳事記』巻三）

のである。

十五夜行事の意味

なお江戸時代に家々でおこなわれていた十五夜の習俗についても、少々つけくわえておけば、それは次のようなものであった。まず尾《お》花《ばな》（ススキ）を五本もしくは一五本用意し、女郎花《おみなえし》の花などとともに花入れや徳利《とつくり》に挿して飾るのは今と変わらないが、この時季になるとやはり尾花などを売る呼売り屋がやってきたものである。月見団子もまた一五個用意するが、十三夜の場合は当然一三個である。一個の団子の大きさは、直径二寸から三寸五分であったというから相当に大ぶりで、今のピンポン玉やゴルフボールよりもずっと大きい。年中行事の供物類は、何でも呼売り屋から求めていたにもかかわらず、団子だけは自家製で、しかも家族そろって丸めて作るのがならわしとされていた。柿・栗・ブドウ・枝豆・里芋（衣《きぬ》かつぎ）なども三方《さんぼう》に盛り、合わせて供えた。興味深いのは、小ぶりの団子を一五個に柿・栗などを添えて、家族一人一人に配分したということで、正月のお年玉を家族に配ることや（古くは子供だけに与えるものではなかった）、節分の豆を家族めいめいが歳の数だけ食べることなどにも似ている。

これらの供物を並べた十五夜の祭壇を、縁側に置いたというのは今と同じであるが、屋根の上の物干し台などの高い所に祀ることもよくあり、中庭のない家や長屋などであれば、みなそうしたことであったろう。少しでもお月様に近い位置にそれを祀ろうとしたのであろうが、それが空の月にささげる供物であると説明されるようになったのは、いったいいつのころからのことであったろうか。よくはわからないが、少なくとも日本の年中行事・民間信仰の伝統の中で、それはあまり一般的なことではない。供物とは本来、神や精霊に対してささげられるものであって、十五夜の起源ももともとそうしたものであったと考えたい。高い所に祭壇を設けようとしたのは、先の七夕の竹飾りと同じ意味があったのではないであろうか。そのように考えれば、多摩地方の十五夜習俗によく見られる子供たちの団子盗みや、盗まないまでも子供たちにそれを分け与える習俗の意味も解釈できる。子供の群行は、供物をささげる相手の属性を象徴したものであって、そのような対象が群れ集まって浮遊するさまを演じている。だからこそ、それらにほどこすのであって、盗まれるほど縁起がよく、子供らをとがめることをしないのである。

なお、江戸時代には十五夜の前日夜にも同じような儀礼がなされていた。これを待宵《まちよい》といい、この夜の月を小望月《こもちづき》・幾望《きぼう》ともいった。十五夜当日に空が曇って満月を見ることができない場合を考えて、あらかじめ前夜に祭をやっておくのだと説明されているが、いわば前夜祭・宵祭であって、これまた重要な意味のあることなのかもしれない。

ところで、十五夜の日である八月十五日はまた、八幡宮の祭日ともなっており、各地の八幡社では盛大な秋祭がおこなわれた。人々はこの日、日中に八幡祭の祭見物に出かけ、夜は家で十五夜を祝ったのである。江戸東京には多くの八幡宮が鎮座しており、さすがは武家の都の観があるが、おもなものとしては江東区の富岡八幡宮、台東区の銀杏岡《いちょうがおか》八幡神社・今戸神社・蔵前神社、港区の御田《みた》八幡神社や西久保八幡神社、新宿区の穴八幡神社・市ヶ谷八幡神社、渋谷区の渋谷（金王）八幡宮、品川区の誕生八幡神社などが数えられよう。八幡社の祭というと名物は流鏑馬《やぶさめ》で、これまたいかにも武家風であるが、本来その中心に位置づけられていた儀式は放生会《ほうじようえ》であった。

八幡祭と放生会

日ごろ、人間の食糧とされる魚や鳥などの供養をし、その恵みに感謝するために、それらの生き物を野や池に放つのが放生会の儀式で、もともとは仏教の法会であった。ために神仏分離後は、ほとんどおこなわれなくなってしまったのであるが、かつてはどこの八幡宮でも見られたもので、魚を放つための放生池が境内に用意されてもいたのである。

一六九〇年代に編纂《へんさん》された『江戸惣鹿子《そうがのこ》』や『国花万葉記《こっか》』によると、当時の江戸では、主として市ヶ谷八幡・三田（今の御田）八幡・高田穴八幡・富岡八幡の四社で放生会がおこなわれており、これが一七〇〇～一八〇〇年代になるともっと増えて、ほとんどの八幡社でなされるようになってくる。わけても盛況だったのは富岡八幡宮の放生会大祭で、あまりに参詣者の数が多すぎて永代橋が落橋し、何百人もの犠牲者を出すという大事故が、一八〇七年（文化四）に起きたほどである。現在でも同社の秋祭は盛大なもので、四八基もの神輿《みこし》が連合渡御《とぎょ》をおこない、沿道の人々がバケツでさかんにそれに水を浴びせるという、水かけ祭で知られているものの、すでに放生会の儀式はなされていない。当時の八幡社の放生会の面影を、今に伝えるものがあるとすれば、それは新宿区の穴八幡神社の旧別当寺で、その名も放生寺という寺院で今も続けられている放生会であろう。穴八幡の縁起によれば、同社では一六四二年（寛永十九）八月十五日にはじめて放生会がおこなわれたと伝えている。『江戸雀』によれば毎年その前日である十四日に、「朝清めして遷宮の礼行ひけり、此日又加州の大守より酒肴餅など山の如く送りて賑《にぎわ》し給ふ。次之日は放生会の観式とりおこなふ」とあり、加賀の殿様からも供物が届けられたという。

その後の明治の神仏分離により、流鏑馬が穴八幡へ、放生会が放生寺へと移された結果、それぞれのおこなう別の行事となった。穴八幡伝統の放生会は寺院行事として放生会に引き継がれていったのであるが、放生池の埋め立てによってそれも一時は中断していたものの、同寺境内に小さな放生池が復元されるに至り、戦後それが復活するようになった。現在では十月の体育の日にそれがなされており、僧侶や檀信徒の手で真鯉《まごい》・緋鯉《ひごい》の稚魚が池に放されている。その稚魚は後日、集めて西多摩の秋川の清流に放流されることになっている。

長月の除難

たけなわの秋の只中にあって、周辺農村部からは豊作のたよりと取れたての秋の恵みの収穫物が、ぞくぞくと都市中枢にももたらされ、そういう意味でも九月は都市生活者に、秋の豊かさを感じさせる時季である。二百十日・二百二十日を過ぎたころには、〝嫁に食わすな〟の秋ナスが、もう市場にはたくさん出回っており、それは豊かな秋のシンボルであった。下町では俗に三九ナスといって九月に三回ある九の日、すなわち九日・十九日・二十九日に、この秋ナスを食べると禍も福となるという言い伝えがある。九月九日は「苦月苦日」、十九日は「重苦日」、二十九日は「二重苦日」の語呂で、非常に縁起の悪い日であるから、それを転じて福となすというわけである。江

九の日と重陽

戸っ子というのは、このような語呂合わせやシャレをとても重んじたもので、かなり真面目に信じてきたのである。

とはいえ、九月の三度の九の日を厄日としたのは、もちろん九が苦に通じたためで、たんなる語呂であるから付会の説でもある。九の日は本来もっと神聖で、特別な意味を帯びた日であった。周辺農村部では三度の九の日を御九日《おくんち》といい、九日を初九日、十九日を中の九日、二十九日を終《しま》い九日などと呼んで祝い事や祭をおこなうことがよく見られた。江戸においても、たとえば九日には目黒大鳥明神・三田春日明神・高田水稲荷の、十九日には牛込赤城明神・白金氷川神社・羽田弁天の、二十九日には渋谷氷川神社などの祭礼がそれぞれおこなわれていた。なぜ九月の九の日がそのように特別な日とされてきたかといえば、陽数の極である九という数字がふたつ重なっていたからで、重陽《ちようよう》の節供《せつく》の考え方がその基底にある。本来の重陽の節供の日は当然九月九日であって、五節供の年内最後のひとつであった。この日は菊の節供ともいい、宮中や知識人・風流人の間では菊の賀、菊の節会、菊の宴会などの、菊をめでる祝がさまざまにおこなわれた。葉月《はづき》の風流のイメージは長月《ながつき》に至ってもなお続いている。

菊といえば菊人形の名所がいろいろとあり、江戸時代には巣鴨や染井あたりの植木屋がさかんにそれを作って人に見せていたという。幕末ごろから団子坂でそれが始まり、明治期にはおおいに隆盛するようになったものの、あまり長くは続かず、国技館や花屋敷のそれに客を奪われたともいう。これらは入場料を取って菊人形を人々に見せたのであったが、団子坂の場合、あのせまい坂道にずらりと人形を見せる筵掛《むしろが》けの小屋が立ち並んだのである。

浅草寺の菊供養会

一方、重陽の節供にちなむ菊の祭といえば、何といっても浅草寺の菊供養会が有名である。これは浅草寺観音堂でおこなわれる菊供養のための法会で、信徒らは観音の仏前に一束の菊を奉納する。現在では月遅れの十月の、さらに観音の縁日である十八日にこの行事がおこなわれているが、もともとは重陽の節供の行事であり、浅草寺ではじめてそれがいとなまれたのは、一八九七年（明治三十）の旧九月九日のことであったという。浅草寺十九世貫主《かんじゅ》であった奥田貫昭《かんしょう》師が当時、「観音菩薩と菊慈童《きくじどう》」という法話をおこない、それを聞いて感銘を受けた信徒らが、毎年の重陽の節供に仏前へ菊花を奉納したのが、この行事の始まりだといわれている。菊慈童を祀っての重陽の節会の行事は、京都嵯峨野の法輪寺でもおこなわれているから、それを東都に写したものであったかもしれない。

図28　浅草寺の菊供養

図29　団子坂の面影を残す文京区大円寺の菊人形

そこでいう菊慈童とは、中国の周の時代に王につかえていた一人の童子のことで、王の寝室を掃除中に、誤って王の枕をまたいでしまったかどで深山に追放されたという。当時それは大変な重罪であったが、童子を憐れんだ王は観音経の一節「具一切功徳《ぐいっさいくどく》、慈眼視衆《じがんししゅ》生《じょう》、福聚海無量《ふくじゅかいむりょう》、是故応頂礼《ぜこおうちょうらい》」をつねに唱えるようさとす。童子は日夜それを唱え、忘れることのないようにと菊の葉に記しておいた。その葉に溜まった露が甘露となり、谷川にしたたり落ちて、川水を飲む下流の人々が福をさずかったという。これが菊慈童の故事なのであるが、大変有名な話で謡曲などにもよく取り上げられている。菊の露が甘露や霊薬になるというのも古い考え方で、重陽の節供の前夜に菊の花に真綿をかぶせておき、菊の露をしみこませて翌日それで身をぬぐうと長寿延命が約束されたという、いわゆる菊の被綿《きせわた》の習俗とも同じである。菊という植物には、不老長寿の霊力が込められていると、昔の人々は考えてきたのであった。

菊供養会の日の浅草寺の境内には、観音に納めるための白菊・黄菊を売る露店がずらりと立ち並んだそうであるが、今日でも二、三軒は出ている。浅草寺三舞のひとつである金《きん》竜《りゅう》の舞も上演され、菊花展などもおこなわれて、菊香のただよう境内には秋の雰囲気が満ちあふれている。

菊花のまじない

浅草寺の菊供養会には多くの参拝者がおとずれて、今でも観音堂への菊の奉納がなされているのであるが、それはただ菊の花束を仏前に納めればよいというのではない。そこには独特の作法があって、今もそれが守られている。信徒はまず、仲見世《なかみせ》や境内の露店から一束の菊の花束を買い求め、それを持って観音堂に上がる。次に本尊観世音菩薩の前で拝礼をおこない、香炉の煙に花束をかざす。次に内陣裏手へ回って三方《さんぼう》の上にその菊の花束を乗せて納めると、かたわらの僧侶がすでにそこに供えられている別の菊の花束を一束、手渡してくれるのである。参拝者はそれを持ち帰って家内に祀り、たとえば枕の下にその菊を敷いて眠ると、無病息災・延命長寿の御利益《ごりやく》が得られるといわれている。このように菊の花束の奉納と引き換えに、別の花束を持ち帰ってくるわけで、結果的に菊を交換してくることになり、俗にこれを「菊とっかえ」などと呼んでいる。戦前は、観音堂の正面の金網に二束の菊を差し込み、あがっている一束を持ち帰る形がとられていたともいう。

このようにして仏前で菊を交換することにより、逆縁の不幸などの逆さ事の凶事をのがれることができるとも、一方でまた信じられていた。これは亀戸《かめいど》天神の鷽替《うそか》え神事などとも同じで、奉納物や縁起物の交換ということを通じ、厄を払ってしまおうという考え方がそこにあり、先の三九ナスとも同じように、災い転じて福となすということでもあったろう。さらにまた、この時に受けてきた菊の花束をドライフラワーのように乾燥させてとっておき、その枯れ菊を大晦日《おおみそか》や正月にカマドにくべて焚き上げるという習慣を守る家々もあって、「良いことを聞くように」とのまじないだ、などと説明している。そうした語呂合わせの縁起担ぎを通じて、新年一年間の幸多からんことを祈ったわけである。やはり菊という花は特別な植物であって、枯れてしまったからといってみだりに捨てたりはできず、特別な処理方法が求められたのである。浅草寺の菊供養会は、明治期に始められた比較的新しい行事であるとはいえ、そこに付随する信仰習俗にはこのように、古風な考え方がいろいろに残存していて大変興味深い。それは、この時季に至って再び強調されてくる除厄・除災のテーマを、あらわしたものといってよいであろう。

芝神明とだらだら祭

かつてはこの九月におこなわれていた神田祭も今では五月に移ってしまい、東京の祭事暦のうえでは、九月は少々寂しい月になってしまった観があるが、それでもこの月には各地の神明社の秋祭がいっせいにおこなわれている。神明社という神社は多分に農村的性格を帯びた神社であったから、その例大祭は伊勢神宮にならいながら、秋九月に収穫感謝祭としていとなまれることが多い。したがって都

図30　九月十六日飯倉神明宮祭礼（『江戸名所図会』巻一）

図31　芝神明だらだら祭の生姜

市の内部にありながら、なんとなく農村的な面影を感じさせる祭ともなっているのである。江戸東京における神明社の筆頭は、まず何といってもかつての飯倉神明宮、すなわち現在の芝大神宮、俗にいう芝神明であったろう。芝神明の祭は九月十一日に始まって二十一日に終わるという、えんえん一一日間にもおよぶ長い祭であることが特徴で、おそらくは江戸東京でもっとも祭の期間が長い。だらだらと何日間も続くので、これを「だらだら祭」と称したわけである。

なぜそのように長い祭であったのか、諸説あるけれどもよくはわかっていない。そこで次のように考えてみてはどうであろうか。いかに長ったらしい祭であるとはいえ、その祭期間中には中心となるべき日がいくつかある。それは中日本祭の十六日、初日の十一日、最終日の二十一日で、これらの日には神事や盛大な神輿渡御もおこなわれる。初めと終わりと真ん中の日という具合に祭のピークが三度あるわけで、これは先の三九ナスや三度の九の日の行事と同じように、考えることができるであろう。三伏日《さんぷくび》・酉の市・大師講などもそれで、三度繰り返される行事というのはほかにもいろいろあり、ことに秋の祭にそれが多く見られるのは、いかにも農村的な長い収穫祭や、それにともなう謹慎の期間をいいあらわしていたのかもしれない。期間が長いので節目をつけたわけで、その場合、初日・

中日・最終日の三度を節目とするのが自然な考え方であったろう。だらだら祭はその三度の節目を連続的につなげた形を取り、古い時代における長期間の収穫祭の面影を伝えているのだと考えたい。その意味でもこの祭は、江戸東京にしてはやや農村的な性格を帯びた祭なのである。

生姜市と千木箱

その芝神明のだらだら祭の名物は、境内に立つ生姜市《しょうがいち》と、やはりそこで売られる縁起物の千木箱《ちぎばこ》である。今でもそれらは小規模ながら売られていて、昔の祭のようすをしのぶことができる。生姜市の方は、ちょうどこの時季に収穫される新生姜を、周辺農家が境内にたくさん集まって売ったもので、これまた農村部とのつながりを示す祭の特色のひとつであった。初鰹や初ナスなど、ことのほか初物というものを重視・珍重した江戸っ子たちであったから、その生姜もずいぶんさかんに売れたことであったろう。また俗に、だらだら祭で売られる生姜は「メッカチ生姜」、生姜市のことは「目ぐされ市」とも呼ばれていた。その理由として、生姜売りたちがみな片目であった、秋の長雨で生姜が芽ぐされとなった、眼病平癒の霊水が境内にあった、芽を欠いて売ったメカキ生姜が訛《なま》って「メッカチ生姜」となった、などの諸説がいわれているものの、これまた真相はよくわからない。由井正雪《しょうせつ》が謀叛《むほん》を起こした時に玉川上水に毒が流されたが、下流で片目の老婆が生姜を洗っていたおかげで毒が消され、以来災難よけの「メッカチ生姜」として売り出された、などという説すら聞かれる。

どれが真説であるかは当然わからないが、そこにはやはりこの時季の災難よけ・厄よけ祈願の要素が、多少とも見えかくれしているようにも思える。さらに、かつて柳田国男が問題にしたいわゆる「片目の神」のテーマが、ここにつらぬかれていることはいうまでもなく、祭の神聖さをそうした古い伝承が補強している。二月の初午《はつうま》のところで触れた、茶ノ木稲荷の狐が茶樹の枝で片目を傷つけたとの伝説も、もちろんそれに通じる問題なのであった。

さてもうひとつの祭の名物、縁起物の千木箱であるが、曲物《まげもの》作りの三段重ねの丸い箱がそれで、今では社務所で売られている。箱の中には豆や飴玉が二～三粒入っていて、揺するとカラカラと音がする。これを買い求めて神棚に置くと魔除けになるとか、天井に吊るしておくと落雷をまぬがれるとかいわれており、浅草寺の四万六千日《しまんろくせんにち》の赤トウモロコシと同じような意味もあった。もちろん、ここにも災難・災害よけの祈願が見られるわけであるが、むしろそれよりもよくいわれていることは、「千木」が「千着」に通じるので、これを箪笥の中に納めておけば衣装に不自由しないという伝承であって、女性にもてはやされもした。もちろんそれも得意の語呂合わせの産物で、本当の意味は災難・災害よけであったにちがいない。

九月という季節は以上のように、さまざまな形をとって農村部での収穫の秋ということが都市生活者へも伝えられる時季であり、実りの秋をともに喜びあう気分が感じられる。祭や縁日の場に農産物が運ばれて、さかんな商いがおこなわれるのもこの時季からで、後述する十月のベッタラ市や十二月の柚子《ゆず》市のさきがけとなるのが、芝神明の生姜市であったろう。そこでの初物の生姜や秋ナス、菊供養をめぐる伝承などには、災難・災害よけのニュアンスを見出すこともでき、夏場の防疫や御霊祭祀のテーマがすっかり影をひそめつつ、春先と同じような祭と行事の祈願目的や、それにともなう季節感覚が再び強調されてくるのである。

冬

神無月の法要

歳時記のうえでは、冬は十月から始まる。十月は神無月《かんなづき》であるから、日本中の神々は出雲に旅立つといわれ、神不在の季節を迎えることになる。なるほど確かに、ここ江戸東京を見た場合でも、おもだった神社の祭というものが十月にはほとんどおこなわれず、あたかも神々がみな消え去ってしまったかのようである。この事実を見て、かつて柳田国男は、十月は稲の収穫期前の物忌《ものい》みの期間であったとし、ために祭というものがないので神不在の認識が生まれ、神無月となったと説明したのであったが、その一方で寺院では、この月にさかんに祭や法会《ほうえ》がなされるのである。たとえば十月初亥日におこなわれる玄猪《げんちょ》祭がまずあり、それは摩利支天《まりしてん》を祀る日蓮宗系の行事なの

摩利支天と玄猪

いる。

であるが、台東区上野の徳大寺で、現在では月遅れの十一月初亥日にそれがおこなわれて

徳大寺は上野のアメ横通りのすぐ近くにある寺院で、本尊の摩利支天は開運仏として広く知られ、俗に「上野の開運摩利支天様」と呼ばれている。アメ横通り（飴屋横町）はもともと、この徳大寺と寛永寺の門前市から始まったといわれており、寺はまさに商店街のシンボルとなっている。しかし、より正確にいうならば本当の意味でのアメ横通り商店街とは、上野から御徒町に至る山手線沿いの東側商店街のことをいい、その一本西側に並ぶ商店街は中通り商店街である。商店会（商店振興組合）もそれぞれ別々に組織されており、徳大寺のあるのはその中通り商店街であって、寺周辺の店々はみな寺の旧境内地内にあり、寺の店子《たなこ》となっている。戦前における摩利支天の祭はじつに盛況なもので、坪内逍遥《しょうよう》の『当世書生気質《とうせいしょせいかたぎ》』に「街《ちまた》をてらす露店《ほしみせ》の星をあざむく灯火《ともしび》に、あたりまばゆき夜の市」とあるし、内田魯庵《ろあん》の『下谷広小路』にも「昔は水天宮金比羅《すいてんぐうこんぴら》に匹敵する御利益の顕著な神で、月の御縁日は盛ったもんだった」と述べられている。日本橋の水天宮、虎ノ門の金比羅宮の縁日と肩を並べるほどのにぎわいであったというのである。

玄猪と亥の子

現在でも徳大寺の玄猪祭には多くの信徒らが集まり、若い修行僧らの手で終日おこなわれる木剣加持《ぼっけんかじ》・護摩祈禱《ごまきとう》を受けていくのであるが、年間三〇日にもおよぶそれぞれの亥の日にも同様な法会がなされており、その時にクチナシで飯を黄色く染めた黄飯を、参拝者らに振る舞うことでも知られていた。摩利支天の縁日が、いったいなぜ亥の日なのかといえば、おそらくそれは眷属《けんぞく》の猪《いのしし》にちなむためなのであろう。摩利支天の御影像を見ると、本尊は必ず猪の背に乗っているし、普賢《ふげん》菩薩の白象や大威徳《だいいとく》天《てん》の水牛とそれは同じである。玄猪祭の大祭は、十月初亥の日であったが、その日はじつはとくに重要な意味を持つ日であった。一般に十月初亥日は玄猪・亥の子と呼ばれ、農村部ではボタモチを作って新穀の収穫を祝い、宮中でも新穀感謝祭がおこなわれた。武家社会では玄猪御祝儀がなされ、江戸城大手門・桜田門では大きなかがり火が焚かれて、諸侯は登城するならわしであった。

江戸の庶民の間ではこの日を俗に「御亥《おい》の子《こ》」と称し、はじめて火鉢や炬燵《こたつ》を出して冬に備えるべき日とされたのであったが、農村部と同様にボタモチをたくさん作って祝い、親類などへもそれを配った。周辺農村部とは対照的に、もっぱら米を主食としてきた江戸東京の庶民たちにとっても、初冬における新米の収穫感謝という気持ちがやはりあり、それを祝いながら冬への備えをしたのが、御亥の子の日の本義であったようで、そうした民俗行事が摩利支天信仰とも結びつき、寺院の祭としての発展を見たのが徳大寺の玄猪祭であったろう。

十夜法要と双盤念仏

民間での亥の子行事にあたる寺院行事はまだほかにもある。浄土宗寺院における初冬最大の念仏法会としての十夜《じゅうや》法要がそれで、俗に十夜・御十夜・十夜講・十夜念仏ともいい、やはり十月初旬の重要な祭であった。本来の十夜法要は、旧暦十月五日夜から十五日朝に至るまでの十日十夜にわたり、念仏を唱え続けるという行事で、しだいに略式化されて今では一日で済ませる寺が多い。この世での十日十夜の善行は、仏の国での千年間の善行にまさるとの、無量寿経《むりょうじゅきょう》の一節にもとづいてその法要がなされているわけであるが、経典にはそれを十月に修行せよとはとくに説かれていない。それが十月上旬にあてはめられた背景には、十夜と十月との連想があったこともちろんであろうが、やはり民間で新穀感謝祭のなされるこの時季が強く意識されたということであろう。東日本では、十月十日ごろに十日夜《とおかんや》という家々の祭があって、行事の内容は亥の子とほとんど変わらない。おそらくは寺院の十夜も民間の十日夜も、同根の祭であったろう。

江戸東京の浄土宗の寺といえば、その最大のものはいうまでもなく芝の増上寺《ぞうじょうじ》である。増上寺では大本山の格式にもとづいて、かつては十月六日から十五日までの間、盛大な念仏法要がおこなわれており、その初日を十夜紐解《じゅうやひもとき》と呼んで最終夜には信徒の参籠《さんろう》などがなされていた。現在でも十四日にその法要が、やはり盛大にいとなまれている。深川の霊岸寺、目黒の祐天寺、南品川の願行寺の十夜法要も盛況なもので、今ではやはり十四日にそれがおこなわれている。願行寺は増上寺の末寺のひとつでもあったが、十夜の双盤《そうばん》念仏がことによく知られていた。双盤念仏は鉦《かね》はり念仏ともいい、双盤鉦という大鉦を打ってジャンジャンと鳴らしながら、念仏を唱和する一種の民俗芸能である。浄土宗系の寺院によくこれが伝えられ、十夜法要の時にもさかんに上演された。梅若塚《うめわかづか》のある木母寺《もくぼじ》や世田谷の慶元寺《けいげんじ》、八王子市の大善寺《だいぜんじ》などは、双盤念仏で大変有名な寺であった。浅草流・滝山流などの流派があり、都内に現存するものとしては武蔵村山市三ツ木の薬師堂のそれがもっとも著名で、滝山流の非常によく整った奏法が今も伝えられており、十月の八日・十二日・二十二日の三回、それが毎年上演されている。これもまた例の三度繰り返される行事のひとつである。

達磨忌・御会式・報恩講

浄土宗の十夜法要に対し、禅宗系の各寺院ではこの時季に達磨忌《だるまき》の法要がおこなわれ、冬場最大の寺の祭となっている。達磨忌とは、もちろんいうまでもなく禅宗の初祖である達磨大師の忌日法要であるが、十月五日におこなう寺が多い。一方、日蓮宗系の寺院では宗祖日蓮聖人の命日法要である御会式《おえしき》が、十月十三日を中心におこなわれ、この宗旨にとっては年間最大の祭となっていて、御《お》命講《めいこう》とも呼ばれる。大田区の池上本門寺《ほんもんじ》の場合は、宗祖終焉の地でもあったから祭はとくに盛大である。日蓮聖人は一二八二年（弘安五）、池上村に住む関東番匠《ばんじょう》の棟梁宇《とうりょうう》右衛門《えもんの》尉《じょう》宗仲《むねなか》の家でついに倒れたが、『増補江戸咄《ばなし》』によれば「身延山《みのぶさん》より此地に移り、宗仲が家にいらせ給ひ、あまたの御弟子達を集めてのたまわく、我既に衆生《しゅじょう》の化縁《けえん》つきて、遷化《せんげ》すべき事今三七《さんしち》日の内とて、仏法弘通《ぐずう》の遺言ねん頃にして、弘安五年十月十三日に遷化有」とのことであった。本門寺ならずともこの日には、堀ノ内の妙法寺、柴又の題経寺《だいきょうじ》、雑司ケ谷の鬼子母神《きしもじん》（法明寺）、神楽坂の毘沙門天《びしゃもんてん》（善国寺）などへ、下町の各講中が大万灯を押し立てて繰り込み、団扇《うちわ》太鼓の音と題目唱和の声とが参道にひびきわたるのは、今も昔も変わりない。

さらにまた、浄土真宗の場合はどうであったろうか。門徒にとっての一年でもっとも重

図32　本門寺の御会式

図33　報恩講（『江戸名所図会』巻六）

要な祭は、宗祖親鸞聖人《しんらんしょうにん》の命日忌法要である報恩講であって、東本願寺系（真宗大谷派）・西本願寺系（浄土真宗本願寺派）を問わず、どの寺院でもそれがおこなわれており、築地と浅草の両本山では、終日の坂東節の念仏読経や法話説教がなされていた。門徒らは晴れ着に着飾って寺に集まるならわしがあったが、それは嫁選びのための一種の集団見合いであったともいう。報恩講のことを俗に御講《おこう》ともいい、御霜月《おしもつき》ともいったように、じつをいえばそれは十月ではなく十一月下旬の行事で、親鸞聖人の正忌日は十一月二十八日であった。とはいえ、ここで問題にしている十月の一連の寺院法会とひとまとめにして、とらえてみることもできるであろう。十夜法要・達磨忌・御会式・報恩講といった具合に、おもだった宗旨の年間最大の法要や宗祖忌の祭が、この初冬の時季に集中してなされているというのは、じつに興味深いことではある。

もちろん、宗祖の亡くなった日というのは動かしようのないものであるから、それは偶然の結果であるといってしまえばそれまでであるが、この時季に大きな祭を催すべき必然性やニーズのようなものがあったればこそ、それが大きな祭として発展していったのではないであろうか。初冬の寺院の祭に満ちあふれているのは、この年もなんとか無事に過ごすことができました、そのようにして今年も宗祖忌を迎えることができました、宗祖様には心から感謝申し上げます、といった一年をしめくくる信徒の季節感覚である。寺に対しては年内最後の布施や供物を納め、そのお下がりや護符を拝領し、宗祖と本尊の変わらぬ加護を祈願するというのが十~十一月の法要の目的なのであって、いわばそれは当年の総決算である。一年はまだ終わってはいないが、農家にたとえれば秋の収穫と収納とを終えた解放感がそこにあり、旧年を終えるということと新年を迎えるということとは、本来同時期に一致するものではなくして、多少のずれがあって当然であったのかもしれない。いずれにしても、初冬のこの時季は、その意味で重要なひとつの区切目であったと考えられる。

ベッタラ市の起源

さて今度は、寺院関係以外の祭について注目してみることにしよう。

中央区大伝馬町《おおでんまちょう》の問屋街の守護神である宝田恵比寿神社の大祭が、十月十九日~二十日に毎年おこなわれている。問屋街の目立たぬ片隅につつましやかに鎮座するこの小社は、うっかりすれば見落としてしまうほどであるが、そこにおわす祭神の恵比須様は神々がみな出雲国へいっているはずの神無月にも、ここにとどまって街を守り続けているばかりか、その十月の祭はいわゆるベッタラ市として広く世に知られ、露店と人出の数では都内でも五指に数えられるほどの、大盛況ぶりを誇る。なるほど確かに、街

図34　大伝馬町のベッタラ市

を覆い尽くすばかりの七〇〇軒もの露店数は都内屈指の規模であるが、それをひやかす巨万の見物客たちの多くは、おそらく祭の中心となるべきこの小社を見落としていることであろう。それほどにこの神社の存在は目立たず、あたかもベッタラ市の方が先にあって、神社は後から取って付けたがごとくであるが、率直にいえばおそらくそれは事実で、神社の祀られたのは明治期のことであったらしい。

神社の鎮座するずっと以前から、ここ大伝馬町ではベッタラ市がおこなわれており、それは神社の祭にともなう門前縁日市ではなくして、もともと商家の恵比須講の祝に用いる供物や用品類を売買するための季節市なのであった。その意味では盆の草市などとも共通する性格を、このベッタラ市は持っていたが、そこに神社を迎えることによって用品市から門前市へと発展し、ひとつの祭としての体裁を整えたことになる。この市の名をベッタラ市と称する理由は、そこでの主たる売物であった大根のベッタラ漬けからきているが、それは大根を塩で浅漬けにし、さらに麴で漬け直したものである。明治時代における山中共古の観察記によれば、「浅漬の大根を買たる者ベッタラベッタラと呼はり、大根を縄にてしばり婦女子の衣服へ糀《こうじ》ぬかをつけんとし、又は不意に顔先へ差出し、娘子供を驚かせるをよろこびあるく其のらんざつ甚し」と述べられている。「べったらべったら！」という威勢のよい掛け声で客を呼ぶ漬物屋たちが、婦人たちの目の前に酒粕にまみれた大根を突き出したり、その粕を着物に飛ばしたりしてからかったというが、そんなことをしてもとがめられることのない、よき時代であったらしい。今でもベッタラ屋は二〇軒ほど出てはいるが、もちろんそのようなことはなくなった。

商家の恵比須講

ベッタラ市は、初冬に収穫された初物の大根を浅漬けにして売るのが祭の最大の呼び物であったから、先の芝神明の生姜市と同じような意味をまずは持っている。農村部から初物の農産物が都市中枢にもたらされ、なんらかの御利益や神聖性という付加価値がそれに付与されつつ、祭の場でそれが大規模に取引されるというパターンをここにも見出すことができ、そうした初物市・季節市は概して秋から冬にかけてよく見られた。とはいえ、この市でベッタラ漬けが売られるようになったのは、せいぜい幕末からのことであり、それ以前にはさかのぼらない。

では、その昔は何を売っていたかというと、もちろん十月二十日の恵比須講に用いる供物や諸道具類であった。『砂子の残月』という資料を見ると、「大伝馬町夷講《えびすこう》市、是をくされ市と唱《となふ》。毎年正月十九日、十月十九日也。……魚類青物、干物其外くさぐさの市立て群をなす。是翌廿日夷講のもうけ也」とあり、鮮魚や干物それに野菜類を売っていたとある。それらはみな恵比須講のための供物であったから、この市を当時は「夷講市」と呼び、また鮮魚は腐りやすく、時には鮮度の落ちた魚も売られていたために「くされ市」とも呼ばれていた。ベッタラ市という呼び名は、ベッタラ屋が出店するようになってからの呼び方であったことがわかる。

恵比須講の祭には鮮魚、とくに二匹の尾頭つきの鯛が欠かせず、それを福の神としての恵比須神にささげた。恵比須講は古くは年二回なされており、一月二十日と十月二十日がその日なのであったが、そのためにそれぞれの前日に用品市が立ったわけで、先の引用に「毎年正月十九日、十月十九日也」とあったのはそれをいっている。それがいつしか一月の方が廃れていって、十月の方ばかりが盛大化して残されてきたのである。この祭は一般家でもなされていたが、主として商家の祭であって、恵比須神に商売繁盛を祈願するものであった。元禄期の『江戸惣鹿子《そうがのこ》』には「十月廿日恵比須講、江戸中諸商人祝」、『国花《こっか》万葉記』にも「十月廿日恵比須講、商家に是を営す」と記されている。

江戸時代の商家の恵比須講の様子は、次のようなものであった。まず、この日は店も早仕舞いで、夕刻からは親類縁者や取引先などを大勢招き、無礼講の酒宴が催される。家内に祀られている商売繁盛の神、恵比須・大黒の二神の古い木像を座敷に移して安置し、そこへ鯛などの魚介類、さまざまな料理、赤飯などを膳に盛って供え、大きな鏡餅なども用意する。二匹の鯛は懸鯛《かけだい》といって腹合わせに吊るし、雌雄一対の尾頭つきとする。宴もたけなわになってくると、座興の模擬競売が始まる。これは商いの真似事であって、一種のオークションであり、そのあたりにある皿や小鉢を指さして千両万両と相場を決め、客も主人も一緒になって、「さあ売りましょう、買いましょう」と値をつけてやりあうのである。商店経営の近代化にともなって、このような習慣はほとんど廃れてしまったわけであるが、それでも昔かたぎの大店などでは明治〜大正期に至るまで、こうした祝をやっていたといい、日本橋あたりの何代も続いた老舗《しにせ》商家の店主たちの中には、その盛大な祝宴を小僧時代に経験した人々がなお健在である。

総決算と十月晦日

さて、大伝馬町の問屋街の商人たちはベッタラ市や恵比須講を、どのような気持ちで毎年迎えていたのであったろうか。彼らが語るところによると、まるで正月を迎えるかのように、うきうきした気分でベッタラ市を心待ちにしていたという。店の主人は翌日の恵比須講の夜までに、当年度の勘定をあらかた整理して売上げをまとめ、来年度の計画を立てて、心静かに恵比須神を拝しながら心の中でそれを念じ、神への報告をおこなったともいう。恵比須・大黒の祭壇の前に大福帳を積み上げ、三方に御神酒《おみき》をささげ、明年は旧に倍する利益を得させたまえと祈る商家も多い。戦前はこの日の夜に奉公人の慰労会があり、その席で彼らの身分の昇格が披露され、小僧は中僧（中番頭）に、中僧は番頭に出世することができ、妻帯・通勤も許された。これを「小僧の元服」といっていたが、小伝馬町《こでんまちょう》・馬喰町《ばくろ》あたりの衣類問屋街では若恵比須といって、古くは一月の恵比須講の時にそれがなされ、前年の勘定・利益配当の祝儀も合わせておこなわれていたという。

とはいえ、まずたいていの問屋街や商家では、十月の恵比須講に小僧の元服をやっていた。慰労会では小僧たちも腹一杯の御馳走を食べ、昇格した中僧や番頭がいれば互いに肩をたたいて祝福しあったという。恵比須講の宵は、奉公人・使用人たちにとっても、じつに晴れがましい時であったのである。このように商家にとって恵比須講は、一年をしめくくる総決算の日なのであって、当年の営業成績を総括しつつ次年の販売計画を立て、使用人を慰労して昇格させ、得意先を接待し、つつがなく一年を終えたことを神に感謝して今後の繁盛を祈願するという、きわめて重要な区切目の行事であった。先の寺院行事のところでも指摘した初冬の季節感覚が、商人の世界にあってもやはりつらぬかれていたことがよくわかる。神無月というのはそのような月であった。このことは歌舞伎芝居などの興行の世界などでも同じで、江戸の三座歌舞伎は十一月から始まって、初日の顔見せ興行のおこなわれる霜月一日が世間一般での正月元旦にあたり、その前日の十月末日が大晦日に相当した。『続江戸砂子』の十月の項に、「当月晦日、堺町茶屋、商人其外《そのほか》芝居がかりの者、大晦日に同じく事を極め、翌朔日を元朝の心になせり」とあるのはそれをいったもので、歌舞伎関係者の一年は十月晦日をもってしめくくられたのである。総決算の月が過ぎたころ、江戸東京には本格的な冬がやってくる。

霜月の鎮火

酉の市の熊手

旧暦時代における江戸東京の十一月は、まったくの真冬であった。木枯らし吹きすさぶこの寒い時季にもさまざまな祭があり、それなりにまた風情もあって、味わい深いものであった。霜月《しもつき》の到来の声を聞いて、すぐさま頭に思い浮かぶ冬の祭は、いわずと知れた酉《とり》の市であって、今も昔もそれは同じである。旧暦時代ほどの冷え込みではないとはいえ、霜月の夜寒の中、迷子にならぬようにと親に手を引かれながら、満員電車のような人込みをかき分けて、酉の市の雑踏の中を歩き回った少年少女時代の経験を、東京に生まれ育った者であるならば誰しもが持っている。子供の目と耳に焼きついた、大人の肩ごしに仰ぐ露店の熊手のカラフルな美しさ、熊手屋の景気のよい呼び声と客とのやりとり、あちこちから聞こえる商談成立後の手締めの音。こうしたものは忘れようにも忘れられない記憶であって、後に自らが親の立場になり、わが子を連れて再びそこをおとずれた時に、またよみがえる思い出の懐かしさに酔う楽しみもそこにはある。世代を越えて引き継がれていく、そうした共通感覚こそが縁日や祭の魅力なのであろう。

酉の市とは十一月の酉の日に、大鳥《おおとり》（もしくは鷲《おおとり》）神社の境内でおこなわれる縁起物の熊手市である。かつてはこれを「酉の市《まち》」と読んだが、市というのは町ではなくて縁日市のことをいっている。俗に御酉様と呼ぶこともまた、ごく一般的である。十一月中には少なくとも二回の酉の日があるが、時には三回あることもあり、その場合はそれぞれ一の酉（初酉《はつとり》）、二の酉、三の酉といった。これまた例の三度繰り返される行事のひとつに数えられる。酉の市は純然たる江戸東京独自の祭であって、他の都市にはほとんど見られない。関西で一月十日におこなわれる十日《とお》戎《かえびす》の祭などは、よくこれに似ているが、そこで売られる縁起物は熊手ではなくて福笹である。静岡県三島市の三嶋大社では、割合に古い時代から酉の市がおこなわれてきたが、東京のそれが持ち込まれたものであろう。また江戸東京の大鳥神社の、もともとの本社はじつは関西にあって、大阪府堺市の大鳥神社がそれだといわれている。しかし、その勧請《かんじょう》先の江戸東京で独自な祭のスタイルが生み出された結

図35　浅草鷲神社の酉の市

果、酉の市は江戸東京でのみ見られる祭となったのである。

熊手の縁起物と鶏の奉納

酉の市で売られる縁起物の熊手はもともと竹箒《たけぼうき》の熊手であって、それを骨組みにして御多福面《おたふくめん》・入船・檜扇《ひおうぎ》・大福帳・大判小判・千両箱・福枡《ふくます》・当り矢・恵比須大黒・七福神などの、縁起のよい飾り物がたくさん取り付けられている。熊手には台付型・檜扇《ひおうぎ》型・鬼熊型・掃き込型などのいろいろなタイプがあり、サイズも尺五物（一尺五寸＝約四五・五センチ）・二尺物・三尺物などがあった。どうして中には熊手を用いずに丸いザルを土台にしていたものもあり、古い型だという。どうして熊手が縁起物になったのかといえば、それは熊手が福を掻き込むの意が込められていて、俗にカッコメなどと呼ばれるとおりであるが、それを家内に飾っておけば福徳を招きよせることができると信じられていた。まさに招き猫のようなもので、商家などでは商売繁盛を祈って大きな熊手を奮発して買い、店先に飾って客寄せのまじないとすることは今でもさかんである。毎年そのサイズを大きくしていくと縁起がよい、というのも福達磨と同じで、売手としてはそのような御利益をとくに強調し、前年よりも大きなものを客に買わせようとしたのである。

箒や熊手というものには、そのような呪力が込められていたわけで、福を掻き込むこともできれば、悪しきものを掃き出すためのまじないにも用いられた。長居の客を早く帰すために箒を立てるのは掃き出す方で、高砂《たかさご》人形の翁が持っている熊手は福を掻き込む方のまじないであった。酉の市の熊手も、もちろんそうした意味の込められている実用を離れた呪術的な掃除用具なのであったが、後述する花畑の農具市で売られていた落ち葉掻き用の熊手にお多福面などを取り付けて縁起物とし、売り出したところが飛ぶように売れ、本来の用途から離れた飾り熊手が生み出されたといわれている。その熊手市のことをなぜ酉の市と呼ぶのかといえば、祭神にちなんだ酉の日に市が立ったからと考えるほかはないが、さらに想像をたくましくするならば、この市で本物の鶏を売っていた時代があったのかもしれない。それは神前に奉納するための生きた鶏で、酉の市とは本来「鶏の市」であったかもしれず、大鳥神社の神前に納める生きた鶏を売る市でもあった可能性がある。

奉納された鶏は当然食べるための鶏ではなく、大鳥神の神使《しんし》としての鶏である。古来、神前に神使の鶏を納める信仰習俗はよく見られ、しだいに本物の生きた鶏を持参するわずらわしさから、鶏を描いた絵馬で代用するようになっていった。馬の絵の絵馬もまた、本来生きた神馬《しんめ》を奉納したものを板絵に代えたものだといわれている。文京区の妻恋《つまごい》稲荷はかつては著名な大社であったが、その境内にはつねに何羽もの鶏が群れており、参詣者が奉納してそこに放ったものが、たくさん棲みついていたという。浅草寺の境内にも、かつては多くの鶏がいたもので、それもまた同様に参詣客が放っていったものである。今、境内に群れる鳩はその名残りだという人もいる。浅草観音の神使は雉《きじ》で、信徒は決して雉を食べないといわれたことも、関連があるかもしれない。この章の最後で取り上げる品川の千体荒神の海雲寺でもまた、鶏の奉納がさかんにおこなわれ、寺ではたくさんの奉納の鶏をかつては飼っていた。同寺の荒神堂には雌雄二鶏図の古い絵馬がたくさん掲げられているが、もちろんそれは生きた鶏の代用で、都下狛江《こまえ》市では家々の荒神棚へ鶏の絵馬を供える習俗も見られた。江戸東京の酉の市の発祥地として知られる、花畑《はなはた》の大鷲神社においても次に触れるように、鶏の奉納が実際におこなわれていた。

花畑の元酉

酉の市でにぎわう江戸東京の代表的な大鳥神社をあげてみるならば、まずはその筆頭に台東区浅草の鷲神社が出てくるのは疑いのないところで、露店数・参詣客数のうえで都内随一のものであり、俗にいう「浅草田圃《たんぼ》の御酉様」というのはこれである。目黒区下目黒の大鳥神社もまた、かなりの規模の酉の市であり、熊手屋の出店数も非常に多い。そのほか、新宿区の花園神社や須賀神社、江東区の富岡八幡神社、渋谷区の宮益《みやます》御嶽《みたけ》神社、江戸川区の香取神社などでも、盛大な酉の市がおこなわれているが、境内社として大鳥神を勧請《かんじょう》している神社ではどこでも、この祭がおこなわれている。そして、その酉の市の本家本元とされているのは、意外なことに江戸の中心から三里もはずれた北郊の、現在の足立区花畑町にある大鷲神社の酉の市なのである。花畑町は江戸時代には花又村といい、花又村の大鳥大明神といえば、元祖本家の酉の市の神祠として知られていた。その発祥の地としての誇りから、花畑の酉の市は俗に元酉・本酉・大酉とも呼ばれていたのであり、それに対して浅草田圃の方は新酉と称していた。

花又村で最初に酉の市が立ったのは江戸時代初期のこととされているが、くわしいことはわかっていない。もともとは農民相手の農具市で、いつしかそれが縁起物の熊手市に発展していったという。文化・文政期（一八〇四〜三〇）にそれを見物した大浄敬順《だいじょうきょうじゅん》の『十方庵遊歴雑記』には、「社内には熊手の笄簪《かんざし》をひさぐもの夥《おびただ》しく、これを首に刺ば運つよく、一切の魔事を払ひ、よろづ勝利を得とて、人みな来て土産とし、或は竹の大熊手竹箒を求るあり、又何首烏《かしゅう》唐の芋八頭《やつがしら》といへる芋を調《ととの》へ、扨《さて》は抽笊《ざる》の類《たぐ》ひ何《いず》れも魔除によく、此祭礼に買しもの何によらず仕合よし」との描写がある。これによれば、そこでの売物の熊手は大きなものから小さなかんざし型のものまであり、ザルや箒や農産物も売られていたという。酉の市で求めてきたものは、何によらず魔除けになったというのも面白いことである。また、さらに興味深いのは、先に触れた生きた鶏の奉納ということで、『東都歳事記』には「参詣のもの鶏を納む。祭り終りて浅草寺観世音の堂前に放つ」、『江戸名所図会《ずえ》』にも「此日近郷の農民家鶏《にわとり》を奉納す。翌日納《おさむ》る所の家鶏をことごとく浅草寺観音の堂前に放つを旧例とす」と、このならわしのことが述べられている。

本家本元の花畑の酉の市では、ただ境内に熊手市が立つだけでなく、神使の鶏の奉納がこのように実際になされており、後日それを集めて浅草寺の観音堂まで運び、放鳥をしていたという。花畑の大鷲神社の氏子たちにとって、鶏は大鳥神の神聖な神使であったから、それを食用にするなどというのはもってのほかで、決して食べることをせず、長年にわたってそのタブーを守ってきたともいわれている。先に述べた「鶏の市」が「酉の市」になったとの仮説の根拠は、このようなところにも見出せるのではないであろうか。

浅草田圃の新酉

次に浅草田圃の鷲神社の酉の市であるが、こちらは花畑の元酉に対して新酉であったけれども、それらの中間になされる千住の勝専寺《しょうせんじ》の酉の市を中酉とすることもあった。花畑の元酉では博打《ばくち》などもさかんになされていたらしいが、それが禁止されるにおよんで酉の市そのものまでもが衰微してしまい、しだいに浅草の新酉の方がさかえていったといわれている。その移行期は明和から安永のころの一七七〇年代のことであった。新吉原に近いこともあって、田圃の酉の市はおおいににぎわい、そのまま遊里へなだれこむ参詣客も多かったことは、樋口一葉の『たけくらべ』に、「大鳥神社の賑《にぎわ》ひすさまじく、此処をかこつけに検査場の門より乱れ入る若者達の勢ひとては、天柱くだけ地維《ちい》かくるかと思はるる笑ひ顔のどよめき」とあるとおりであった。一九〇二年（明治三十五）の『風俗画報』の記録によると、この年の熊手屋の出店数は、鷲神社の境内で一〇二軒、境外で九二軒、旧別当の長国寺境内で一二〇軒を数えたという。

今日でも鷲神社の酉の市の盛況ぶりは、その当時となんら変わっておらず、祭に便乗して出店される露店の行列が、浅草寺の裏手あたりまで続いているほどであるが、人出のピーク時には熊手屋の並ぶ鷲神社の境内に入ることすらできない。入れたら入れたで、今度は中で身動きもとれぬ状態である。足立区内や埼玉県南部の職人家で、この日のために一年間をかけて組み立てられてきた熊手は飛ぶように売れ、一本一〇〇万円の値のつけられた超特大のジャンボ熊手なども時には見られるが、バブル経済の最盛期には金に余った不動産屋が、気前よく経費でそれを買い取っていったものである。不況とリストラの時代である今では、まったく考えられないことである。神社裏手の茶店では、野球のボール大の大きな里芋を長い竹串に何個も刺した、巨大な串刺し団子のようなものを今でも売っているが、これこそが酉の市名物の「頭《とう》の芋」であって、粟餅《あわもち》とともにこの祭の呼び物であった。先の花畑の酉の市でも、「唐の芋・八ツ頭」がかつて売られていたとあったが、今でもそれが残っているのである。なお、酉の市で売れ残った熊手の行方であるが、埼玉県方面などの各地の神社の祭で、十二月に入ってからそれが売り出されることになっている。とくに埼玉県大宮市の氷川神社で十二月十日におこなわれる大湯祭《だいとうさい》には、東京中の熊手屋が集まって境内所せましと店を出しており、東京の酉の市のにぎわいをそこでまた再現しているさまを見ることができる。

三の酉と火難

さて霜月の酉の市という祭には、江戸東京の人々のいかなる願いが込められていたであろうか。いうまでもなくそれは、開運招福の幸福祈願ということであって、福を掻き込む熊手の縁起物が、それそのものを象徴している。それは本書の冒頭で述べた、正月の行事の全体をほぼつらぬく基本的テーマにも通じるもので、江戸東京の冬場の祭における普遍的テーマであるといってもよい。客商売の世界からすれば、熊手を買い求めることは商売繁盛の祈願のための縁起担ぎということになり、それは恵比須講行事に引き続く商家の祝でもあった。しかしながら、そこにはこの時季の祭の底流につらぬかれているもうひとつの重要なテーマもすでに見え隠れしており、それは何かというと火防《ひぶ》せの除災祈願ということである。

都市生活者にとって、その安穏な日常生活をおびやかす外的な脅威は、夏場の疫病流行と冬場の火災であった。夏場のそれに対しては、さまざまな祭礼を通じての儀礼的な対抗手段が用意されており、そのことが初夏の祭の基本的なテーマであったことを、すでに十分に述べてきたけれども、それと同じことがやはり冬場の脅威に対しても準備されなければならない。江戸東京は、火災都市と呼ばれるほどに火事の多い都市であって、多くの人命と財産とがそれによって失われてきたのであるから、「江戸の花」などといって他人ごとのように済ませてはいられない。火災はいつなんどき、自らの身に振りかかるかわからない災難である。幕府も防火ということには並々ならぬ努力をし、火除け地を設けたり、火消し組を編成したりの対策をこうじてきたわけであったが、そもそもが木と紙とを素材とする建築物の一大密集地域にあって、火災を完全に撲滅して封じ込めることなど不可能であり、その火を消す方法にしたところで、延焼をくい止めるための破壊消防以外に有効なやり方がなかった。大正の大震災も、昭和の大空襲も、あれほどの甚大な被災規模とならざるを得なかったところに、東京という都市の火災に対する脆弱《ぜいじゃく》さの、江戸以来の伝統を見出すことができよう。

火災の潜在的危険度のきわめて高いこの江戸東京の街に、乾燥した北風の吹き込む冬場の時季は、その脅威が最高潮に達する時である。いかにその脅威からのがれるかということは、そこでの生活者にとっての重大な関心事であったから、祭の目的の中にも強くそのことが表現されていかざるを得ない。酉の市に関連していえば、「十一月に三の酉まである年は火事が多い」という言い伝えが今でもよくいわれ、そういう年にはとくに新吉原で大火災が発生するとも、まことしやかに語られたのは、今までの歴史的経験のゆえであったろう。そうした教訓をもとに、それへの備えということが強く喚起されたものとも考えられるのである。

鍛冶屋の鞴祭

火の災難をのがれるためには火の神を手厚く祀らねばならず、それをおろそかにするならば、神の怒りに触れて災難をこうむることになる。とくに、火を使う仕事に従事する人々にとって、それは欠かすことのできない重要な祭となった。鋳物師《いもじ》・鍛冶屋などの金属加工業にたずさわる職人たちが、十一月八日におこなう鞴祭《ふいごまつり》はまさにそれであった。後には、さらにそれらの関連産業部門や金属製品の流通・販売部門で渡世を送る、金物商・刃物商、餝《かざり》職人・時計師・箔打師《はくうちし》・石屋・屋根屋に至るまで、この祭をおこなうようになり、合わせて業界の繁栄をも祈願しながら、火の神としての金山彦《かなやまひこ》・金山姫《かなやまひめ》の二神（金屋神・金屋子神ともいう）を祀ることがおこなわれた。江戸東京最大の鍛冶職の街であった神田鍛冶町ではこの日、どの職人家でも仕事を休んで祝をし、景気よく二階からミカンをまいては子供らに拾わせた。紀伊国屋文左衛門が、決死の覚悟で紀州から江戸へミカンを運んだのも、この鞴祭に間に合わせるためであったといわれている。

『続江戸砂子』には、「吹鞴祭。鍛冶、鋳物師、餝、白金細工すべて吹革《ふいご》をつかふ職人、此日稲荷の神を祭る。俗にほたけと云。此夜子共あまた鍛冶が軒にあつまり、ほたけほたけとはやせり。柿、蜜柑をなげて子供にあたふ」とあるが、この場合は金山神ではなく稲荷を火の神として祀っており、このような例も多く見られた。謡曲「小鍛冶」に、京三条の小鍛冶宗近が刀を打つ時に稲荷神があらわれ、向こう槌《づち》を打ってはそれを助けたという話があるように、関西ではもっぱら鞴祭といえば稲荷を祀る形であり、古くは江戸でもそうであったらしい。一六六〇年（万治三）創業と伝えられる神田鍛冶町の老舗鍛冶屋、三谷家は東京大空襲の時まで残った最後の神田の鋳造所であり、昔の屋号を「紀長《きちよう》」といったが、同家で鞴祭の時に祀っていたのは伏見稲荷の分霊であった。子供らが鍛冶屋に集まって、ミカンをまくのを催促する時の「ほたけほたけ」の掛け声は、「火焚け火焚け」の意であって、これも京都伏見稲荷の御火焚《おひたき》祭の唱えごととまったく同じである。

一方、江戸東京には仏式におこなう鞴祭というのもあって、谷中の金嶺寺の金山大権現や浅草の大行院《だいぎょういん》に祀られていた金山三宝荒神を、火の神そして鍛冶職の守護神として崇めながら、霜月八日の鞴祭をおこなっていた。金嶺寺の金山大権現は、のちに大行院に移されて金山三宝荒神になったともいわれており、その両者は単一の神像の別々の呼び方であったらしい。いずれにせよ、現在大行院に安置されているその神像は、三面六臂《ろっぴ》の荒神像のようである。これを信心する講中は今もあり、神田の旧金工業者や金物商人らで組織されていて、毎年の鞴祭を大行院でおこなっている。さらに、神田の岩本町（もとの東紺《ひがしこう》屋《や》町）方面の金物商らは、それとは別に金山神社を町内に祀っていて、十一月八日の鞴祭を独自におこなっている。祭神は金山彦・金山姫の二神で、岐阜県関市の美濃鍛冶職・鋳物職らのあおぐ南宮神社から、一九五二年に分霊を迎えたものである。現在では、東京金物連合卸商業共同組合を中心とする金物商の卸五団体がこの金山神社を維持し、毎年の鞴祭を今も続けているのである。

霜月の火祭

十一月にはまた、さまざまな形をとりながら、鎮火祭としての火焚き行事が方々でおこなわれた。それは霜月の火防せ・鎮火という主題に沿っての火祭なのであって、火の神のパワーを燃えさかる猛火の中に具現化させ、それに対して祈りをささげるというものであったろう。

たとえば千代田区三崎町の三崎稲荷神社であるが、水道橋駅の近くに今でも小さな社殿が立っている。この神社では、毎年十一月八日に御火焚《おひた》きという神事がおこなわれ、境内に四方竹の注連縄《しめ》を張り、その中で大きな火を焚いた。『絵本江戸風俗往来』の挿絵を見ると、その火に乗せられている大釜が描かれているが、湯立て神事がおこなわれたのであろう。十二座神楽なども上演されたというが、もちろん火防せ・鎮火のための祈禱祭であり、参拝者には鎮火札が授与されたほか、ミカンまきなどもおこなわれた。祭の日取りといい、ミカンまきといい、まるで鞴祭と変わらないが、鞴祭とは呼ばずに御火焚きといった理由は、外濠を南側に越えた武家地の鎮守であったため、町人の祭とは一線を画したということであろう。せっかくミカンまきをしているのに武士の子供らは、はしたないので決してそれを拾おうとはせず、通行人らが代わりに拾っていたと、記録には述べられている。武家方の家々からは、一年間に溜まった古札や幣束類などが境内に持ち寄られ、この御火焚きの火で焚きあげて処理をしたともいう。

火祭りということではないが、新吉原の遊廓内でも十一月八日にはミカンまきをおこない、これまた鞴祭そのものであったが、やはりこれを「ほたけ」と称していた。また、十七〜十八日には廓《くるわ》内に祀られていた秋葉権現の祭をおこない、火防せ祈願としていたのである。秋葉権現を祀るとはいっても祠《ほこら》の類はなく、代わりに立派な秋葉の常夜灯があって、遠州秋葉山大権現から移した浄火をそこで灯しており、廓中の台所の種火はさらにそこから移して用いるのがならわしであった。いうまでもなく秋葉権現は、全国にその名を知られた火防せの神であり、たび重なる火災に見舞われ続けた吉原では、とくにあつくそれを信心してきたのである。秋葉権現の分霊はほかにもいろいろな所に祀られていたが、向島・南入谷などのそれではこの時季、やはり鎮火祭がおこなわれていた。

より本格的な火祭としては、亀戸《かめいど》・谷保《やぼ》の両天満宮の庭燎《ていりょう》祭があげられる。江東区の亀戸天神では十一月二十五日にそれがなされ、境内で大きな焚き火を焚く。それを御火焚《おひた》きの神事ともいっている。国立市谷保の谷保天満宮では十一月三日の夜に、境内に積み上げられたふたつの大きな薪《まき》の山に火をつけ、まるで左義長《さぎちょう》のような盛大な火祭をおこなっており、地元ではこれを俗に「おかがら火」と称している。

関西各地の寺社では、霜月の火祭が今でもさかんにおこなわれており、伏見稲荷の御火焚神事などはとくに有名なものであるが、江戸東京の火祭もまたそれらとまったく同じ意味を持っていた。夜空を焦がす大きな炎は、その火のもたらす災害を封じ込めんとする、火鎮めのための炎なのであった。

品川の千体荒神

鎮火・火防せの霜月の最後をしめくくる祭は、品川の千体荒神祭《せんたいこうじんさい》である。南品川の海雲寺《かいうんじ》という寺に祀られた千体荒神は、天草《あまくさ》の乱の時に鍋島家の手で九州から江戸へ移し祀られたという火の神で、火防せに絶大な御利益があると信じられてきた。品川宿をたびたび襲った大火の波はこの寺をよけていったといい、関東大震災時の二次火災からも、太平洋戦争下の焼夷弾《しょういだん》の雨からも、寺の荒神堂は守られた。そうしたこともあって火防せの千体荒神の評判はますます高まり、これを信心する講中は都内全域に組織されていたのである。荒神の祭は三月と十一月のそれぞれ二十八日になされていたが、もちろんにぎわうのは十一月の方で、旧東海道沿いには名物の釜おこしや、家々の荒神棚に供えるための荒神松を売る露店がずらりと並び、現在でもそのような縁日市が続けられている。

この千体荒神の祭には独特の参詣作法があって、たとえば講中や信徒は、御宮《おみや》と呼ばれる荒神像を納めた小さな厨子《ずし》を寺から受け、それを祭の時に風呂敷に包んで寺に持参しなければならない。しかもその風呂敷包みは手でぶら下げてはならず、必ず首に縛らなければ

図36　品川の千体荒神祭

ばならないし、地面に置いてもいけない。寺に着くと荒神堂内で御宮を護摩火にあてて修《しゅう》祓《ばつ》してもらい、講中の控室で接待を受けるが、帰途は決して寄り道をしてはならず、後を振り返らずにまっすぐ家に帰らなければ御利益を失い、人に行き合っても挨拶をせず、無言で帰宅しなければならない。こうしたさまざまなタブーを課したということは、それだけこの千体荒神という神が祟《たた》りやすく荒ぶる神であったということで、それゆえきわめて丁重な取り扱いが求められたのであろう。それはその神像の三面六臂の憤怒の姿にも、よく象徴されている。家々の炊事場に祀られた千体荒神の分身は、そのようにして一年間、その家を火災から守り続けるのである。今でも下町の旧家などでは、煤《すす》ぼけて真っ黒になった千体荒神の御宮を手厚く祀っている家がよく見られる。

以上見てきたように、火の神に関する民間信仰のあり方はじつに多様なものがあり、それらが霜月の祭行事の場で、いっせいに前面にあらわれてくる様子がよく理解されよう。火災都市江戸東京ならではの十一月の鎮火祈願のテーマは、火の脅威の高まる冬場のこの時季に最高潮に強調されながら、さまざまな形をとって表現されていくのである。

師走の年暮

煤払いと煤竹

歳事暦もこうしてついに師走《しわす》十二月に至った。一年もいよいよ終わりに近い。この十二月という一年最後の月の、歳事暦上の主要なテーマとは何であろうか。それはもう、長いこの一年をしめくくって送り、来たるべき新年に備えるということの一語に尽きるであろう。今まで見てきたかぎりにおいても、年中行事暦の中にはいくつかの折々の節目というものがあったが、あらゆる意味で師走は年間最大の区切り目であり、すべてがあらたまって更新されるのを待つ、そのための足踏みと準備の月である。したがって祭や行事のモチーフやディテールには、そのことが明確につらぬかれている。

図37　商家煤払（『東都歳事記』巻四）

ではは年のあらたまりのための、その準備作業はいったいいつからスタートするのかというと、それは十二月十三日である。古くからこの日は年送りと年迎えに備えて、さまざまな準備を開始すべき日とされていた。具体的にいえば、まずそれは大掃除であって、一年の間に溜まり積もった塵や埃《ほこり》を払い、家内の隅々まできれいに清掃して、すがすがしいさっぱりとした気分で正月を迎えようと考えたのは、神祭にともなう清浄性ということをことのほか重視した、いかにも日本人らしい発想である。

十二月十三日は江戸東京の大掃除の日であって、上は将軍のおわす御城から、下は一般庶民の住む長屋に至るまでそれをおこなったから、街中にはさぞかし埃が立ったにちがいない。一般に大掃除のことを煤払《すすはら》いといい、長いままの葉つきの青竹を箒にして、手の届かない家内の天井裏や鴨居の上、柱の上などに積もった塵と埃を払い落とした。もちろん床の畳は全部はずして屋外で日に干されているから、畳が埃で汚れることはない。箒代わりに用いられるこの青竹のことを煤竹《すすだけ》といい、この日にはそれを何本も肩に担いだ煤竹屋が、「えー笹や笹、笹や煤竹ー」と呼売りして歩いた。江戸城の大掃除もこの日におこなわれ、元禄年間（一六八八〜一七〇四）の『江戸惣鹿子』の「御城之年中行事」にも、「十二月十三日、御事納、御すすはらい」との記載がある。寺社などでもまったく同様で、若い僧侶や神職らがたすき姿で煤竹を握り、総出で本堂や社殿の埃を払うシーンが、この時季の風物詩として今でもテレビのニュースで紹介される。浅草寺の場合、今では十二日にそれがおこなわれ、観音堂の外陣両側に二本の長い煤竹が立てかけられている様子などに、いかにも師走の雰囲気がただよっている。柴又帝釈天《たいしやくてん》の題経寺では十二月中旬ころのよい日を選び、煤払いがなされているが、午前中のうちに各堂宇の清掃が全部終わってしまうほど、それはスピーディにおこなわれる。明治神宮では二十八日に煤払いをおこなうことになっていて、こちらは白装束の神職がゆったりと煤竹を振って、社殿の清掃をおこなっている。

忠臣蔵の芝居や映画もこの時季になるとさかんに上演・上映されるが、じつは四十七士の討入りの前日がこの十二月十三日であった。その日の欠かせない一シーンは、煤竹屋に身をやつした大高源五《げんご》が肩に担いだ青竹を売りながら、吉良《きら》邸周辺の最後の偵察をおこなう場面である。吉良邸に異常のないことを確認した源五は本所から引き揚げてくる途中、両国橋の上で俳人宝井《たからい》其角《きかく》と行き合う。其角の詠んだ「年の瀬や水の流れと人の身も」の上の句に、源五は「あした待たるるその宝船」と続ける。「待たるるあした」の意味を、其角は知るはずもなかった。

忠臣蔵と義士祭

その忠臣蔵の物語が、十二月に入るとしきりに上演された理由は何であろうか。もちろん赤穂浪士の討ち入りが、この月になされたためということもあるが、一年をしめくくって旧年を送ろうという師走の気分に、この物語がいかにもぴったりとマッチしていたということでもあったろう。誰もが知っているように忠臣蔵の物語は、松の廊下の刃傷《にんじょう》事件から始まる。事件当日に、早くも切腹を命じられた浅野内匠頭《たくみのかみ》が「風さそう花よりもなお」の辞世を詠んだのは、桜の花散る春三月の夜である。それからおよそ二年の歳月を要して、仇討ちの準備が周到にすすめられるわけであるが、その間にあったいろいろなエピソードを省略してしまえば、この二年間はほぼ一年の四季の起承転結にたとえられ、そのようにつづめて単純化してとらえることができる。すなわち、春に発端となる事件が起き、それにともなう動揺や登場人物の流転が夏を舞台に描かれ、秋になるといよいよそれがひとつの方向に収斂《しゅうれん》していき、事態が本格的に動き始めて、冬に至るとあとはそれが急転回で加速度的に進行し、一気にクライマックスへと登りつめる。芝居にせよ映画にせよ、観客たちはストーリーの結末を全部承知のうえで、今や遅しとそのクライマックスを待っている。

とくに連続テレビドラマの場合、週一回の放映であるために大石内蔵助《くらのすけ》が山科《やましな》を出て江戸入りしてからの物語の進展が、リアルタイムで季節のうつろいと同調し、同時進行のリアリティをともないながら視聴者をして、いやがおうでも師走の年暮の雰囲気にひきずりこんでいく。こうして尻上がり的にボルテージの高まった状態で観客・視聴者らは、元禄十五年十二月十四日夜のシーンを迎えるのである。人々はおおいに溜飲を下げ、感激の涙をしぼり、ストレスを発散させてスカッとし、晴々とした気分となって、仮想現実の世界の中で四十七士とともに、意気揚々と本所吉良邸をあとにする。これなくしては一年が終わらないし、まっさらの心で新年を迎えることもできない。観客たちが劇場や映画館の外に出ると、そこにはすでに年の瀬を迎えた現実の師走の街がある。今、忠臣蔵を見てきた人々にとっては、もうそんな時季になったかということが、ひとしお現実味をもって感じられたことであったろう。日本人にとって忠臣蔵とはそのような意味を持っており、江戸東京の庶民たちにとってはなおさらそうであったはずである。

　赤穂浪士の義挙に、さほどの感動を覚えない若い世代が増えた今となってもなお、四十七士の絶大な人気が不動のものであり続けることを、この目で確かめてみたいということであるならば、彼らの墓のある港区高輪《たかなわ》の泉岳寺《せんがくじ》を、討ち入りのその日におとずれてみればよい。泉岳寺ではこの日、義士祭がおこなわれ、浅野内匠頭と四十七士の墓前法要がなされるのであるが、じつに多くの老若男女が集まって境内を埋めつくし、都営地下鉄の泉岳寺駅から寺に向かう道筋には大群衆がぞろぞろと歩いていく。四十七士の墓の入口には、焼香をする参拝者らが行列待ちをしており、墓地内には線香の煙が充満して霧のようになっていて、目も開けられぬほどである。やがて討ち入り装束に身をかためた専門学校生らの一行が、山鹿流《やまがりゅう》の陣太鼓を鳴らしながら入場してくると、歓喜の拍手で迎えられる。一行は今では、本所吉良邸跡にもいって拝礼をしてくるそうである。

納めの縁日と年の市

十二月は一年をしめくくる月であるから、年内最後の縁日市が各所でおこなわれた。それは、それぞれの寺社に祀られた本尊・祭神にちなむ日取りでなされ、水天宮ならば五日、薬師ならば八日、金比羅ならば十日、祖師ならば十三日、観音ならば十八日、大師ならば二十一日、地蔵ならば二十四日、天神ならば二十五日、不動ならば二十八日という具合であるが、それぞれを納め薬師・納め地蔵・納め不動などとも呼ぶ。正月の場合は、それが初薬師・初地蔵・初不動となるわけである。年内最後の納めの縁日だからと、各地の寺社の門前には多くの人々があふれたが、その納め何々の一ヵ月後にはすぐまた、初何々の市が立つわけで、結果的には二ヵ月連続で縁日が盛況化するだけのこととはいうものの、その間には年の切り替わりがあり、その前と後

図38　金竜山年の市（歌川広重『東京名勝図会』）

とではまったく人々の感じる季節感が異なっていて、縁日の雰囲気も売物も同じではない。年の変わり目というのは、それほどに大きな区切り目として意識されている。

納めの縁日市はまた年の市（歳の市・歳末市）でもあり、そこでの主たる売物は門松《かどまつ》・注連《しめ》飾り・盆栽・三方《さんぼう》・神棚・若水桶《わかみずおけ》・破魔矢《はまや》などの正月用品類および縁起物などであった。人々は市の場でそれらを求めてきて、正月を迎える準備をしたのである。市の立つ日は寺社ごとに定まっていたから、おのずと順番が生まれ、深川八幡の市が終われば次は浅草観音の市、そしてその次はという具合に、露天商らも順次移動していく。不動尊の縁日の場合は二十八日であったから、もっとも暮れの押し詰まった時季にあたり、最後の年の市となっていた。

『塵塚談』によれば浅草寺の年の市の歴史はもっとも古く、もともとは観音の縁日である十八日とその前日十七日におこなわれていたが、宝暦年間（一七五一〜六四）ころから他の寺社の門前でも年の市が立つようになり、活気を奪われたという。その後の時代は、まず深川八幡（十四〜十五日）を皮切りに、浅草寺・神田明神（二十日あるいは二十一日）、芝神明（二十二〜二十三日）、芝愛宕《あたご》神社（二十四日）、麴町天神（二十五〜二十六日）の順で市が移動し、これらを六大市といった。不動尊の年の市は最後の市となるが、二十八

〜二十九日の薬研堀《やげんぼり》不動のそれがことに有名で、文字通り納めの市となった。中央区東日本橋の薬研堀不動尊の周辺では、現在でもその市がおこなわれていて大変にぎわうが、薬研堀の納めの市がにぎわうと不景気だということもよくいわれ、つまりは他所の年の市の売れ残りが全部ここに集まってくるということをいっているのであろう。

二三区内の年の市は薬研堀不動の納め市でほぼ終了となるが、府中市の大国魂《おおくにたま》神社では大晦日の三十一日にも年の市が立つ。都内における年内最後の市がこれであったが、俗に晦日市と呼ばれ、今でもなかなか盛況である。

ボロ市・羽子板市・ガサ市

市の雰囲気や露店の売物は、かなり都心部とは異なり、農機具類・臼や杵・竹細工製品・食用鯉などが売られていて、農民市の面影を今でも残している。練馬区の「関のボロ市」（九〜十日）や、江戸川区東葛西の「葛西のボロ市」（六の日）などもまったく同様で、農民相手の古着市・農具市から発達したものと思われるが、関のボロ市の場合は当地の日蓮宗寺院、本立寺《ほんりゅうじ》の御会式《おえしき》に合わせて市が立ったのが始まりで、葛西のボロ市ももともとは昇覚寺の門前市であった。

農家相手のボロ市としては、「世田谷のボロ市」がさらに有名であるが、これは、ワラジや草履《ぞうり》の鼻緒に巻くボロ布を売る市から始まったともいわれている。明治時代にこれを

図39　羽 子 板 市

見物した幸徳秋水《こうとくしゅうすい》はボロ市の売物について、「可笑《おか》しくも又憐れに感ずるは、此等の品物、穀類を除くの外は一として満足なるはなく、破れたる足袋の左は十文、右は九文なるがあれば、穴あける靴下の右は黒にて左は白也」と記している。左右バラバラの足袋や靴下が、堂々と売られていて、まともなものはひとつとしてないというのであるから、現在のボロ市の姿からは想像もできない。世田谷のあたりは当時まったくの純農村で、地域の中心に位置づけられていた代官屋敷の周辺で、この市が立った。

ところで先の浅草の年の市であるが、現在ではそれが羽子板市（十七〜十八日）とガサ市（十五〜十六日）という、ふたつの市に姿を変えて生き残っている。かつてそこで売られていた門松・注連縄・玉飾り・縁起物類などの正月用品類は、今では観音堂の裏手の広場にいくつもの天幕を張って取引されているが、これは一般客相手の市ではなくて卸市であり、関東一円の鳶《とび》職や業者らがここからそれらを仕入れて家々の門松を立て、各地の街頭で売ったりするのである。これを俗にガサ市・天幕市というが、ガサ市の俗称は注連縄などの藁《わら》製品がガサガサと音を立てるので、そう呼ばれるようになったという。一方、観音堂前の境内では盛大な羽子板市がおこなわれ、こちらは一般客相手である。表と裏の顔に分かれて、現在の年の市が続けられていることになる。羽子板はさまざまな正月用品類に混じって、昔から浅草寺の年の市で売られていたようで、明治期の『風俗画報』にも「仲見世《なかみせ》伝法院《でんぼういん》前通り仁王門内の南側は羽子板および羽子店をもて半《なかば》を埋め」ていたと記録されている。

その羽子板は実用のものもあったろうが、主に売られていたのは押絵羽子板で、歌舞伎の名場面や汐汲《しおくみ》・朝妻・道成寺・藤娘・春駒などの図柄を描いたものである。関東大震災を契機に都内から埼玉県内へと移転した多くの業者が、一年間かけてそれを作り、この日に売り出すのである。どうして浅草の年の市に羽子板ばかりが生き残ったかといえば、子供の初正月祝がさかんにおこなわれるようになったためであろう。旧年中に子供の生まれた家では、その子供がはじめて正月を迎えることを祝う初正月の習慣があるが、男児であれば破魔矢・破魔弓を、女児であれば押絵羽子板をその時に贈るならわしであり、親類や知人が暮れのうちにそれを用意しておくものである。節供の雛人形や鯉のぼりに見るように、子供関係の行事というものは時代が変わってもなかなかに廃れることがなく、かえって華美を競うようになる傾向がある。そのようにして浅草の年の市は、いつしか羽子板市となってしまったのであろう。とはいえ、かつての正月用品市としての面影もガサ市という目立たぬ形で、今でもそれがきちんと残されている。

冬至祭と一陽来復

旧年のいまわしきものをすべて送り出し、あらゆるものが更新される時を待つという師走の祭のテーマにもとづいて、人々の頭の中に強く意識されていたのは、年の切り換えにともなう大きな区切り目ということであって、繰り返し述べてきたことである。その意味では冬至《とうじ》という行事もまた、重要な区切り目・折り目の行事ということができ、陰きわまって陽に転ずるというこの日の儀礼的な位置づけは、暦の転換点としての区切り目そのものである。昼夜の長さが逆転するこの日に一陽来復を願う考え方は、西洋のクリスマスにも通じるもので、すべてがあらたまるべき年の境目における季節の転換を待たずして、すでにそのことが先取り的にこの日になされているともいえる。新暦上の冬至は、ほぼ十二月二十二日ころにあたるから、現在ではより実感的にそれを感じとることができる。したがって冬至祭には、新年一月における招福祈願のテーマがすでにあらわれていて、それが行事の基調ともなっているといってよい。

さて、冬至祭は方々の寺社でおこなわれているが、もっとも特筆すべきは新宿区西早稲田の三ヵ所の寺社で同時いっせいになされるそれであろう。三ヵ所の寺社とは穴八幡宮・放生寺《ほうじょうじ》・水稲荷神社をいい、前に述べたように放生寺は穴八幡宮の旧別当寺院であった。この日の夜、穴八幡宮の参道はとりわけ多くの参拝者たちでごった返し、その人出は例年五万人にも達する。参拝者らの目当てはこの日から社務所で授与される特別な守札で、一陽来復守と呼ばれるが、上記三ヵ所の寺社からそれぞれに配られ、これを家内の恵方《えほう》に向けて貼っておくと、金銀富貴・商売繁盛・開運招福が約束されるという。圭頭《けいとう》型の守札には「一陽来復」の文字が刷られているが、放生寺のものだけは「一陽来福」となっている。札の包みの中には金柑《きんかん》と銀杏の実が入っており、金と銀とで金銀融通の語呂をあらわしていて、融通は柚子《ゆず》に通ずる。この日、穴八幡宮の境内に出る露店の中には柚子を売る店がかつては多く見られ、今でも何軒か出ているが、昔はそれが名物で柚子祭とも呼ばれた。参詣者はここで柚子を求めて帰り、家々で冬至の柚子湯を立てたのである。

金柑・銀杏・柚子と金銀融通との語呂合わせを、他愛のない言葉の洒落といってしまえばそれまでであるが、繰り返し述べてきたように昔の人々はそうした縁起担ぎを非常に重視していたから、決して馬鹿にはできない。西早稲田の三ヵ所の寺社でおこなわれている、こうした冬至祭と富貴祈願の守札の授与は、必ずしも古くからなされてきたものではなく、おそらくは明治期に始められた行事と思われるが、今日見るほどの盛況な祭にまでそれは発展したのである。年の変わり目を目前にして、繁盛と招福とを祈る人々の切実な思いの強さを、そこに見出すことができるであろう。そうした祈願は年の明けた一月に至って、さらに顕著に強調されていくのである。そのことは本書の冒頭に解説したとおりで、歳事記は再び振り出しへと戻って、そこからまた長い一年が始まり、永遠の循環が繰り返されていくのである。

あとがき

東京都教育委員会の手で一九七七〜七八年に実施された東京都緊急民俗調査は、都内一六一ヵ所の調査地点に九〇名の調査員を配置して、全都的規模でおこなわれた大がかりな民俗調査であった。後にも先にもこれほどの規模での調査は例を見ない。当時、大学院生であった私もそれに駆り出され、西多摩の山間部の一地点を担当させられたのであったが、その時に思ったのはこういうことである。それは自分の場合はこのように、東京都内とはいえ民間伝承が豊富に残存する山村部の調査をまかせられたからいいものの、千代田区とか中央区とかの都心部を担当させられた調査員らは、なんと気の毒なことであろう、調査にならないことだろうな、ということであった。もちろん、それがまったくの認識不足と不勉強による印象であったことは、いまさらいうまでもない。今、同じ調査をおこなうので協力せよといわれたならば、迷うことなく私はそうした都心部の担当者を志願することであろう。

当時の私たちの認識水準はそのレベルであって、何もわかってはいなかった。民俗調査というのは極力、田園環境の残る農村部でおこなうのが望ましく、そこは民間伝承の宝庫であって、少しでも町場の雰囲気のある土地は俗化しているから避けるべきだと、勝手に考えていたのであるから無邪気なものである。当時の東京の民俗誌と題したいくつかの本を開いてみても、そこに述べられている事柄はほとんど郊外の多摩地方や島嶼《とうしょ》部の民俗事例ばかりで、これを読んだ人々は世界最大級の大都市東京はなんとひなびた街なのであろうと、誤解したかもしれない。

江戸の都市文化が近代化の荒波を受けて消え去ろうとしているのを憂い、なんとかそれを記録にとどめながら再評価の光をあてていこうとする動きが明治期以来、じつに活発にこころみられ、第二次大戦後の今では江戸学の隆盛がおおいに見られたにもかかわらず、当の習俗習慣の専門分野にいる私たちの目はもっぱら農村に向いていて、江戸東京の都市中枢に生き長らえた、じつに豊かな信仰習俗の多様性などといったものははなから眼中になく、その重要性に気づいたころには時すでに遅しという状態で、すぐれた話者らの証言を後世に残す仕事を、私たちはほとんどもうできなかった。

この歴史的な損失の責任を、先覚者である柳田国男に課したところで仕方のない問題であろうし、私たちは自らの力でもっと早くそれに気づかねばならなかったと今思う。その反省の後にぼちぼちと着手した東京都心部の調査は、遅々たる歩みで細々と続けられてはいるが、思わしい成果などあがってはいない。もとより一個人の力など、吹けば飛ぶよなか細いものであって、とても期待などできないし、私はそれを自分でも非常に情けなく思っている。とはいえ、今やるべきことはやっておかねばならないであろう。この約三十年間の江戸東京の民俗調査を通じていろいろわかってきたことの中から、私にとって非常に印象的であったことをひとつふたつ、ついでなので少し触れてみると、こういうことがあった。

たとえばそれは江戸東京の下町についてであるが、すでに故人となっている明治生まれの多くの古老らが口を揃えて語ることは、下町は大震災と戦災とを通じて完全に消滅しきったということである。二度の災禍を通じて下町はその景観も社会のあり方も、そこに住む住民たちの心の中までも、まったく別なものに変えてしまったといい、今の下町は本当の下町ではなく、往時をしのぶよすがとなるべき盛大な祭にしたところで昔のそれそのものではないし、似て非なるものだと彼らはいう。その語り口から判断するに、たんなる漠然とした過去への郷愁や、それへの無思慮な賛美の言とはなかなかに思われず、私はそうした証言をじつはほとんど疑っていない。

膨大な面的規模で下町社会を破壊し、一面の焦土と化さしめた二度の災禍は、それほどに徹底的で潰滅的なものであったのだと推察しうるが、それではそれ以前の下町とはどういうものであったのか、そして今のそれとどこがちがうのか。私が心の底からそれを知りたいと思うにもかかわらず、彼らはあまり具体的にはそれを語ってくれない。おそらくは非常に表現しづらい微妙な世界に属する問題なのであろう。よくはわからないのであるが、何人かの人々はこういっている。震災前の下町の市街はとてもきれいで整っており、その後の時代のように猥雑な印象ではなかった、もっとも今とちがうのはその住民たちだ、当時の下町の江戸っ子たちはもっと貫禄と威厳があり、身なりも整っていて姿形に風格があり、何というか立居振舞が堂々としていた、というのである。

さらに山の手についてであるが、山の手というのは今いうような広い地域範囲をさすものではなく、かつてはもっとせまい範囲をいい、そこに住む家々をほとんどみな述べあげることができるくらい住民はそれを把握しきっていて、あたかもひとつの村のようなテリトリー範囲であったと、これまた多くの山の手の古老らは語るのである。算数式に江戸東京から下町を差し引いて、その残りが山の手なのでは決してなく、山の手というのは独立したひとつの地域単位であったという。どうやらそれは、今の港区・渋谷区・新宿区の一部範囲にまたがるベルト状のコミュニティであったらしい。かつての武家屋敷街、その後の御屋敷街に出入りする庶民たちを中心にして、そのコミュニティは形作られていたとも聞く。

これらの証言が本当にそうなのか否か、私にはいまだよくわからないのであるが、そういう話を聞いていると調査そっちのけで引き込まれるものがあり、江戸東京という都市の持つなんともとらえようのない不可思議さとその底知れぬ奥深さに触れた思いがして、前にも増してこの街のかぎりない魅力の虜とならざるを得なかった。そういうことは、多くの人々から直接に聞き取りをしないと知ることができず、知ったところであまりよくわからないことが多いのである。

同じことは祭や年中行事についてもいえるであろう。いったいこの祭にどんな意味があったのか、どうしてこんな祭をやっていたのか。いくら文献で調べても、現地であたってみても、わからないものはわからない。わからないことの方が多く、多分当事者たちもよくわかっていない。だから古老にいくら聞いてみてもわからない。祭の起源そのものがかなり古く、都市ならではのじつに複雑なその後の変遷があり、今は今で現代的なアレンジがいろいろにくわえられているから、よけいに本来の意味が見えにくくなっている。

しかしながら、それらの過去の姿をひとつひとつ復元してみたり、考証をくわえてみたりということは、ここではあくまで副次的な作業である。この私が一番知ろうと思ったことは、個々の祭や行事の底につらぬかれている折々の儀礼的な季節感覚ということであり、それがまずあってそこから個別の祭の特色が生み出されてくるのであろう。一年を一二ヵ月に分けて、各月々の特徴的なテーマをとらえてみる形をここでは取ったが、一二ヵ月の区分は便宜的なものにすぎないから、各月をまたがって続く祭の傾向や、ごく一時的にあらわれるそれもある。一二ヵ月をつなげて一年の単位時間にそれをもどして見た時に、この時季にはこういうテーマが強調され、しだいにそのトーンが弱められて代わりに別のテーマが顕在化していき、テーマとテーマとが交代していく、といったようなプロセスを不明瞭な形でもよいからつかんでみよう、ということがここでの目的であった。根本の流れをそこに仮定してみた時、具体的な形で表にあらわれる行事の意味がよく解釈できるということも、またありうることである。

本書はそのようなねらいに沿って書かれたもので、そこで提示されたさまざまな仮説は、江戸東京に関する今までの私の調査成果にもとづいている。ご批判をいただければ、まことにさいわいである。最後に、本書をまとめるにあたってお世話をいただいた吉川弘文館の編集部の方々に、末筆ながらあつく御礼申し上げておく。

二〇〇一年二月一日

長沢利明

著者紹介

一九五四年、群馬県に生まれる
一九七七年、法政大学社会学部卒業
一九八五年、法政大学大学院修了
現在、法政大学・東京理科大学非常勤講師

主要著書
東京の民間信仰　江戸東京の庶民信仰　江戸東京の年中行事

歴史文化ライブラリー
115

江戸東京歳時記

二〇〇一年（平成十三）四月一日　第一刷発行

著　者　長《なが》沢《さわ》利《とし》明《あき》

発行者　林　英　男

発行所　株式会社 吉川弘文館
東京都文京区本郷七丁目二番八号
郵便番号一一三—〇〇三三
電話〇三—三八一三—九一五一〈代表〉
振替口座〇〇一〇〇—五—二四四

印刷＝平文社　製本＝ナショナル製本
装幀＝山崎　登

歴史文化ライブラリー

1996.10

刊行のことば

現今の日本および国際社会は、さまざまな面で大変動の時代を迎えておりますが、近づきつつある二十一世紀は人類史の到達点として、物質的な繁栄のみならず文化や自然・社会環境を謳歌できる平和な社会でなければなりません。しかしながら高度成長・技術革新にともなう急激な変貌は「自己本位な刹那主義」の風潮を生みだし、先人が築いてきた歴史や文化に学ぶ余裕もなく、いまだ明るい人類の将来が展望できていないようにも見えます。このような状況を踏まえ、よりよい二十一世紀社会を築くために、人類誕生から現在に至る「人類の遺産・教訓」としてのあらゆる分野の歴史と文化を「歴史文化ライブラリー」として刊行することといたしました。

小社は、安政四年(一八五七)の創業以来、一貫して歴史学を中心とした専門出版社として書籍を刊行しつづけてまいりました。その経験を生かし、学問成果にもとづいた本叢書を刊行し社会的要請に応えて行きたいと考えております。

現代は、マスメディアが発達した高度情報化社会といわれますが、私どもはあくまでも活字を主体とした出版こそ、ものの本質を考える基礎と信じ、本叢書をとおして社会に訴えてまいりたいと思います。これから生まれでる一冊一冊が、それぞれの読者を知的冒険の旅へと誘い、希望に満ちた人類の未来を構築する糧となれば幸いです。

吉川弘文館

〈オンデマンド版〉
江戸東京歳時記

歴史文化ライブラリー
115

2017年（平成29）10月1日　発行

著　者　長《なが》沢《さわ》利《とし》明《あき》
発行者　吉川道郎
発行所　株式会社　吉川弘文館
〒113-0033　東京都文京区本郷7丁目2番8号
TEL　03-3813-9151〈代表〉
URL　http://www.yoshikawa-k.co.jp/

印刷・製本　大日本印刷株式会社
装　幀　清水良洋・宮崎萌美

長沢利明（1954～）

ISBN978-4-642-75515-3